Tout sur Anne Frank

Menno Metselaar et Piet van Ledden
L'histoire de la vie d'Anne Frank, avec réponses à des questions maintes fois posées et superbes dessins de Huck Scarry.

Anne et ses amies, le jour
de ses dix ans, le 12 juin 1939.

Une carte postale de la Place Merwede à Amsterdam, dans les années 1930.

La Place Merwede

La famille Frank habite dans un appartement flambant neuf de la Place Merwede à Amsterdam. Le long de cette place se dresse aussi le plus haut immeuble de la ville, à cette époque, faisant douze étages, d'où son surnom : le Gratte-ciel.

Quitter l'Allemagne

Otto et Edith Frank quittent l'Allemagne en 1933. À la fin de l'été de 1939, tous les membres de la famille ont fui l'Allemagne. Ils sont partis pour échapper à la haine qu'éprouvent les nazis envers les Juifs, mais aussi à cause des circonstances économiques catastrophiques.

Prologue

« Joyeux anniversaire... »

C'est l'anniversaire d'Anne Frank ! Pour fêter ses dix ans, elle a invité huit amies. Les neuf petites filles sont ravies de prendre la pose pour la photo : Lucie van Dijk, Anne, Sanne Ledermann, Hannah Goslar, Juultje Ketellapper, Kitty Egyedi, Mary Bos, Ietje Swillens et Martha van den Berg. Nous sommes le 12 juin 1939 et le soleil brille à Amsterdam.

Sanne et Hannah sont les meilleures amies d'Anne. Elles se connaissent depuis la maternelle. Quand elles marchent toutes les trois dans la rue, les gens disent : « Regardez, voilà Anne, Hanne et Sanne. » Hannah et Sanne sont originaires d'Allemagne, de la ville de Berlin. Anne est également originaire d'Allemagne, mais elle est née dans la ville de Francfort-sur-le-Main.

12 • 06 • 1939

Les petites filles partagent le gâteau d'anniversaire, on leur sert un verre de limonade, puis elles offrent chacune le cadeau qu'elles ont apporté pour Anne. Alors, elles se lancent d'abord dans une partie de chaises musicales, puis dans d'autres jeux, mais dehors il fait tellement beau que la fête se poursuit en plein air. Et chaque partie gagnée donne droit à une récompense.

En ce lundi après-midi, Otto Frank, s'est libéré pour être à leurs côtés. Il prend cette photo d'Anne et de ses amies sur le trottoir, juste devant l'appartement de la Place Merwede.

Otto Frank possède sa propre entreprise. Il vend un produit, Opekta, que l'on utilise pour faire des confitures à la maison. Quand la fête prend fin, chaque petite fille retourne chez elle avec un petit pot de confiture. Et quelques jours plus tard, elles reçoivent un exemplaire de la photo comme souvenir. De sa plus belle écriture, Anne a écrit au dos de la photo : « Fête d'anniversaire d'Anne Frank, 12-6-1939 ».

Neuf petites filles bien alignées. C'est le dernier anniversaire d'Anne avant la Seconde Guerre mondiale. Trois de ces petites filles ne survivront pas à la guerre, parce qu'elles sont juives. Anne Frank en fait partie. Voilà son histoire.

Chapitre 1

Une petite fille allemande

Anne Frank naît un doux matin de printemps. « Annelies Marie, née le 12 juin 1929, à 7 h 30 du matin » écrit sa mère dans le livre de naissance d'Anne. Anne est la plus jeune des filles d'Otto Frank et d'Edith Frank-Holländer. Sa sœur Margot a déjà trois ans.

Deux jours après la naissance d'Anne, Margot et grand-mère Frank viennent en visite à l'hôpital. « Margot est folle de joie », écrit la mère d'Anne. Fin juin, la mère et l'enfant rentrent à la maison. La famille Frank occupe l'étage d'une grande maison de la banlieue verdoyante de Francfort-sur-le-Main, en Allemagne. Grand-mère Frank vit aussi à Francfort, mais au centre-ville.

Tous les petits voisins accourent pour voir le bébé. Début juillet, les frères d'Edith, Julius et Walter Holländer, viennent aussi admirer le bébé. Quelques semaines plus tard, Anne et sa mère vont séjourner chez grand-mère Holländer qui habite à Aix-la-Chapelle, près de la frontière néerlandaise.

À Francfort, Gertrud Naumann, l'une des voisines qui a déjà douze ans, vient garder les petites de temps en temps. Elle fait jouer Margot et Anne et leur lit des histoires.

La famille Frank dispose également d'une nourrice : Kathi Stilgenbauer. Kathi remarque immédiatement que les deux sœurs sont très différentes. Margot a tout d'une petite princesse, tandis qu'Anne n'hésite pas à s'asseoir dans les flaques d'eau du balcon et doit parfois être changée deux fois par jour, de la tête aux pieds.

Margot, décembre 1927.

Otto Frank et Edith Holländer et leurs invités, le jour de leur mariage, le 12 mai 1925. Le même jour, Otto fête ses 36 ans.

L'arbre généalogique d'Anne

Michael Frank
1851-1909

Alice Betty Stern
1865-1953

Helene Frank < > **Erich Elias**
1893-1986 1890-1984

Robert Frank < > **Charlotte Witt**
1886-1953 1900-1974

Herbert Frank
1891-1987

Otto Frank
1889-1980

Stephan Elias
1921-1980

Bernd Elias
1925-2015

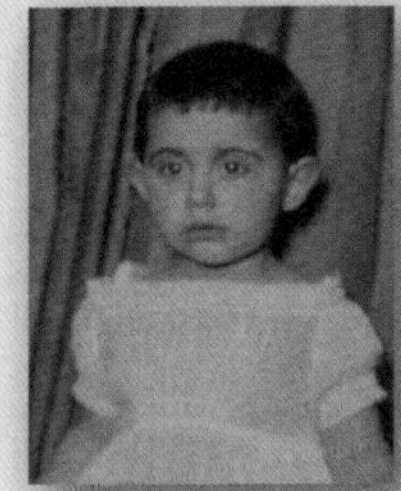

Margot Betti Frank
1926-1945

Annelies Marie Frank
1929-1945

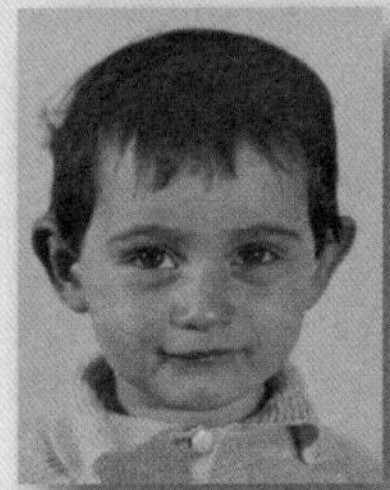

Abraham Holländer
1860-1927

Rosa Stern
1866-1942

Edith Holländer
1900-1945

Julius Holländer
1894-1967

Walter Holländer
1897-1968

Bettina Holländer
1898-1914

Qui est Juif ?

Le judaïsme est une religion très ancienne, comme le christianisme et l'islam. Beaucoup de Juifs se considèrent également comme membres d'un peuple : le peuple juif. La plupart appliquent la règle suivante : toute personne née d'une mère juive est juif, peu importe que cette personne croie ou non. Certains Juifs ne sont donc pas croyants. On peut également devenir Juif en se convertissant au judaïsme. Comme dans les autres religions, certains suivent strictement les préceptes religieux, alors que d'autres y attachent moins d'importance. Anne Frank était juive parce que sa mère était juive. La famille Frank n'applique pas les préceptes religieux juifs de manière stricte.

Une synagogue, à Francfort-sur-le-Main.
Lieu de prière des Juifs.

Pourquoi Hitler détestait-il les Juifs ?

Adolf Hitler (1889-1945) n'a pas inventé la haine envers les Juifs, qu'on appelle aussi l'antisémitisme. Pendant des siècles, dans de nombreux pays, les Juifs qui forment de petites minorités sont accusés de tous les maux. Encore jeune homme, Hitler s'installe à Vienne (en Autriche) où l'antisémitisme est alors largement répandu et il reprend les idées antisémites à son compte. De plus, Hitler estime que les Autrichiens font partie du peuple allemand. Au cours de la Première Guerre mondiale (1914-1918) Hitler s'enrôle, comme Autrichien, dans l'armée allemande. L'Allemagne perd cette guerre. Hitler accuse alors les Juifs de la défaite. Et son antisémitisme ne fait que s'amplifier. Vers 1920, Adolf Hitler devient le leader du parti nazi (NSDAP), encore un petit parti. Il rassemble ses idées sur l'Allemagne dans son livre : *Mein Kampf* (Mon combat). Hitler rêve de voir l'Allemagne devenir plus grande et plus puissante que jamais. Il se persuade de la supériorité de la race « aryenne ». Hitler est persuadé que l'Allemagne pourrait résoudre l'ensemble des difficultés qu'elle rencontre à l'époque, en expulsant tous les Juifs du pays. C'est alors que les Juifs deviennent le bouc émissaire des nazis.

Adolf Hitler lors d'un rassemblement de la SA à Dortmund, octobre 1933.

?

« Notre dernier espoir : Hitler »

À un carrefour de Berlin, à l'hiver 1932, des passants scrutent une affiche. L'affiche électorale vient juste d'être placardée, car l'échelle est encore visible. On y aperçoit des gens désespérés qui regardent les passants. Le texte déclare : « *Unsere letzte Hoffnung : Hitler* » (Notre dernier espoir : Hitler). L'affiche est un instrument de la campagne électorale pour les élections présidentielles de mars 1932. Hitler et son parti affirment qu'ils sont en mesure de résoudre les problèmes auxquels l'Allemagne est confrontée. Ils font de la propagande (publicité) à la radio et lors de rassemblements gigantesques. Pourtant, Hitler ne sera pas élu président lors de ces élections, mais un an plus tard, on lui demandera de former un gouvernement. Ainsi, fin janvier 1933, Hitler devient le chancelier (le Premier ministre) de l'Allemagne.

La mère d'Anne se charge des diverses tâches de la maison et des enfants. Son père travaille pour la banque appartenant à la famille et fondée par le père d'Otto. La famille Frank est allemande et juive, et vit depuis longtemps à Francfort : de lointains ancêtres s'y sont installés au 16e siècle.

La famille Frank vit dans le bonheur. Otto et Edith sont fiers de leurs filles. Ils habitent une belle maison et pour jouer, Margot et Anne sont entourés des petits voisins du quartier. Mais le monde d'Anne va soudain être frappé de plein fouet par la crise.

L'Allemagne a perdu la Première Guerre mondiale (1914 - 1918). Et le Traité de Versailles a institué que l'Allemagne doit céder des terres aux vainqueurs et verser des montants de dédommagement très élevés. Beaucoup d'Allemands en éprouvent une forte rancœur. Ils veulent se débarrasser de ce Traité.

De plus, fin octobre 1929, on assiste au krach boursier de New York. Le monde plonge alors dans une crise économique sans précédent. Les actions perdent d'un seul coup toute leur valeur. Beaucoup de gens se retrouvent ruinés. L'Allemagne est également durement touchée. Des millions d'Allemands perdent leur emploi, n'ont plus d'argent et vivent dans une terrible pauvreté.

Très souvent, quand un pays se porte mal, les uns se retournent contre les autres, les accusant injustement. L'Allemagne ne fait pas exception. Beaucoup d'Allemands accusent alors les Juifs d'être responsables de multiples problèmes, de la défaite de 1918 et de la crise économique.

Un parti politique accuse alors les Juifs de cette crise : le parti nazi (NSDAP). Le leader de ce parti s'appelle Adolf Hitler, ses adeptes sont les nazis. Ils détestent les Juifs. Le programme du parti nazi présente tous les changements qui seront imposés dès leur arrivée au pouvoir. Les Juifs perdront alors la nationalité allemande et n'auront plus qu'un droit de séjour en Allemagne. Ils ne pourront plus être fonctionnaires ou enseignants. Et si la nourriture vient à manquer pour la population, les Juifs et les étrangers seront expulsés du pays. Les nazis veulent également fermer les frontières et interdire l'entrée au pays à tous les étrangers.

...rgot et Anne,
...31.

Anne, mai 1931.

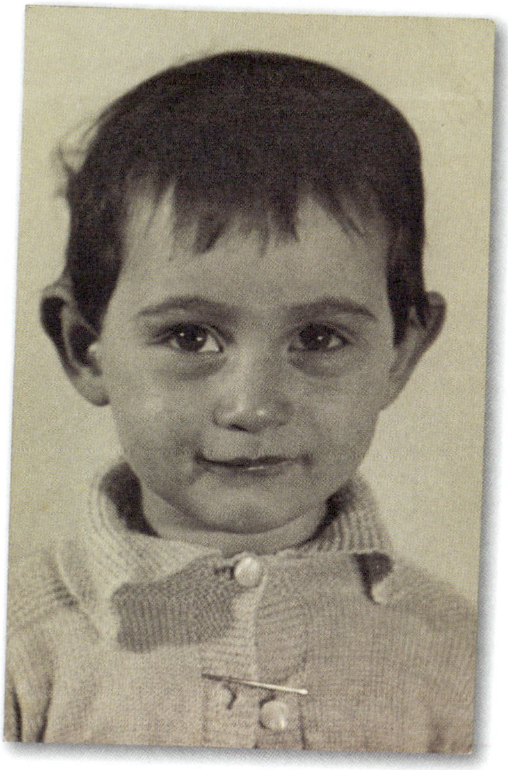

En 1929, le parti nazi ne compte que peu d'adeptes, mais trois ans plus tard il remporte les élections. Un électeur sur trois vote pour le parti d'Hitler. Les nazis promettent un avenir brillant à l'Allemagne qui doit devenir grande et puissante. Fin janvier 1933, Adolf Hitler devient le chef du gouvernement allemand.

Le parti nazi dispose d'une unité militaire privée : la SA (section d'assaut). Les membres de la SA portent un uniforme brun et défilent dans les rues en chantant des chants de guerre révélant leur haine contre les Juifs. Souvent, de violentes bagarres éclatent dans la rue entre les membres de la SA et leurs opposants politiques : les communistes et les sociaux-démocrates.

Petit à petit, Hitler et le parti nazi font entrer l'Allemagne dans la dictature. En effet, les nazis emprisonnent des milliers d'opposants politiques ou les envoient dans des camps de concentration, comme celui de Dachau où des centaines d'entre eux sont exécutés.

En mars 1933, pour la première fois, sur la façade de la mairie de Francfort-sur-le-Main sont levés les premiers drapeaux affublés de la croix gammée - le drapeau nazi. Le 1er avril, les membres de la SA, de l'Allemagne nazie, se placent à l'entrée des banques, boutiques et grands magasins, cabinets de médecins ou d'avocats, dont les propriétaires sont juifs. Ils tentent ainsi de bloquer le passage de ceux qui veulent y entrer. Sur de grands panneaux en carton qu'ils portent est écrit : « Allemands ! Résistez ! Ne faites plus vos achats chez les Juifs ».

Et les adeptes d'Hitler vont toujours plus loin. En mai, ils organisent à Francfort-sur-le-Main et dans d'autres villes allemandes des autodafés, réduisant en cendres les livres d'auteurs juifs et ceux d'écrivains qu'ils déclarent non allemands. Ils n'ont plus leur place en Allemagne nazie, et la liberté d'expression est supprimée. À partir de l'été, tous les autres partis politiques sont interdits. Il n'existe plus alors qu'un seul parti : le parti nazi.

Otto et Edith veulent quitter l'Allemagne. Ils se sentent terriblement menacés par Hitler et ses adeptes. La crise économique entraîne des conséquences désastreuses

Margot et Anne à Aix-la-Chapelle, octobre 1933.

Photomaton d'Edith, Anne et Margot, faite au grand magasin Tietz, le 10 mars 1933. Ensemble elles font 110 kg.

Les nazis accrochent le drapeau affichant la croix gammée sur la façade de la mairie de Francfort-sur-le-Main, le 13 mars 1933.

Pourquoi la croix gammée est-elle le symbole des nazis ?

La croix gammée est un symbole religieux ancestral que l'on rencontre également dans certains temples en Inde. Les nazis en font l'emblème de leur parti et le dispersent partout : sur les drapeaux, les affiches, les uniformes et même les boules de Noël. Dans le livre d'Hitler, *Mein Kampf* (Mon combat), il déclare que la croix gammée représente la puissance de la « race aryenne ». Les couleurs de la croix gammée, rouge, blanc et noir, font référence au socialisme, au nationalisme allemand et au combat que mènent les nazis contre les groupes de personnes « indésirables », comprenant les Juifs.

Prisonniers du camp de concentration de Dachau, le 27 mai 1933.

Qu'est-ce qu'un camp de concentration?

En 1933, peu de temps après l'arrivée d'Hitler au pouvoir, un camp de concentration est installé à Dachau, dans le sud de l'Allemagne, où les nazis emprisonnent leurs adversaires politiques. Bien que les camps de concentration n'aient pas été inventés par les nazis, ces camps sont le plus souvent associés à la persécution des Juifs et à la Seconde Guerre mondiale. En Allemagne nazie, et plus tard dans les pays occupés, des centaines de camps de concentration, petits ou grands, seront installés. Des milliers de personnes que les nazis auront déclarées « indésirables », comprenant les Juifs, les Roms, les Sinté, les homosexuels et les opposants politiques y seront emprisonnées sans aucune forme de procès. Sur de vastes terrains, délimités par du fil barbelé, flanqués de miradors, les prisonniers sont hébergés dans des bâtiments sommaires (baraques), où sont installées des paillasses superposées. Ils sont condamnés à exécuter des travaux forcés, recevant peu de nourriture et de boisson. Et les conditions hygiéniques y sont rudimentaires.

pour la banque de la famille Frank. Avec l'aide de son beau-frère, Erich Elias, le père d'Anne lance une entreprise aux Pays-Bas. Il décide de vendre de l'Opekta, un produit permettant de faire des confitures. En été 1933, Otto se rend à Amsterdam et lance son entreprise, installé dans un petit bureau du centre-ville. Amsterdam ne lui est pas totalement étranger, car en 1924 une succursale de la banque familiale y avait été ouverte.

Edith, Margot et Anne restent encore quelque temps en Allemagne. Fin septembre, elles se rendent chez grand-mère Holländer à Aix-la-Chapelle. Edith fait régulièrement le voyage d'Aix-la-Chapelle à Amsterdam pour y chercher un logement. En novembre, elle déniche un appartement qui leur convient, donnant sur la Place Merwede, dans un tout nouveau quartier du sud d'Amsterdam. L'appartement, beaucoup plus petit que celui de Francfort, est lumineux et chaleureux.

Peu de temps avant Noël, oncle Julius et oncle Walter accompagnent Margot à Amsterdam. Le 4 janvier 1934, elle entre à sa nouvelle école. Anne aimerait rejoindre sa sœur au plus vite, mais elle doit encore séjourner quelque temps chez sa grand-mère. Mi-février, on l'emmène finalement à Amsterdam. Anne va enfin pouvoir découvrir son nouveau pays.

L'entreprise d'Otto Frank commercialise l'Opekta, un agent gélifiant pour la préparation de confitures. À partir de décembre 1940, l'entreprise est établie au Prinsengracht 263.

Affiche publicitaire d'Opekta.

Chapitre 2

Un nouveau pays

Comme Margot, Anne voudrait aller tout de suite à l'école, mais elle est encore trop jeune. En avril 1934, elle entre enfin en maternelle. Otto et Edith choisissent de l'envoyer à l'école Montessori où les enfants disposent de beaucoup de liberté. Ainsi, ils sont persuadés que cette école conviendra parfaitement à Anne.

Autour de la Place Merwerde, de plus en plus de familles juives ayant fui l'Allemagne nazie viennent s'installer. Otto et Edith se lient d'amitié avec les familles Goslar et Ledermann, venant de Berlin. Hans Goslar et Franz Ledermann donnent des conseils aux Juifs qui veulent également fuir l'Allemagne nazie, mais aussi vendre leur entreprise allemande ou encore lancer une nouvelle entreprise à l'étranger. Anne, Hannah Goslar et Sanne Ledermann deviennent amies. Hannah et Anne sont dans la même classe de maternelle et Sanne fréquente la même école que Margot.

Otto travaille avec acharnement pour faire prospérer son entreprise. Edith s'occupe des enfants et des tâches ménagères et, comme à Francfort, une femme de ménage est au service de la famille. Edith correspond régulièrement avec Gertrud Naumann, leur ancienne voisine de Francfort. Elle lui écrit qu'Otto, ne prenant jamais de repos, a bien mauvaise mine. Elle lui dit aussi que Margot et Anne parlent très souvent d'elle. Gertrud leur manque profondément.

En juin, Anne fête ses cinq ans, son premier anniversaire aux Pays-Bas. Elle le fête d'abord à la maternelle, puis à la maison, entourée de ses amies. Pendant les vacances d'été, Margot et Anne vont passer deux semaines dans une maison de vacances pour

1934 – 1940

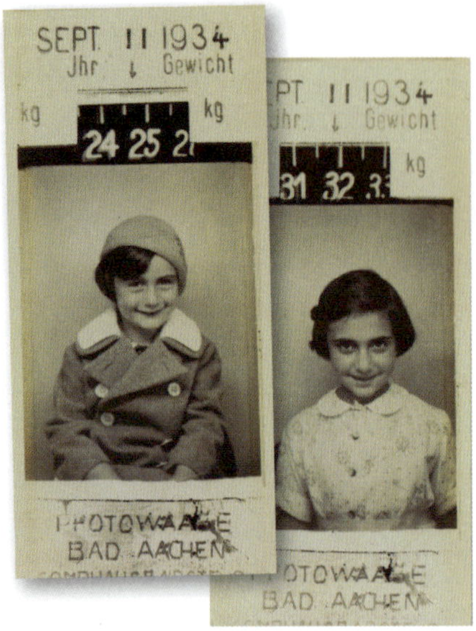

Anne, le 11 septembre 1934.
Margot, le 11 septembre 1934.

Margot et Anne
à Zandvoort aan Zee,
été 1934.

Anne en compagnie de ses amies
Eva Goldberg (à gauche)
et Sanne Ledermann
(au centre) sur la Place Merwede,
août 1936.

« Elle vint se jeter dans mes bras. »

« Je n'avais que quatre ans quand nous avons déménagé à Amsterdam. Dès la première semaine, à l'épicerie, j'ai aperçu Anne Frank. Quelques jours plus tard, ma mère m'a amenée à la maternelle. Je ne voulais pas y aller, car je ne connaissais personne et je ne parlais pas la langue. Mais soudain, je vis Anne... Elle faisait tinter des clochettes en métal. Dès qu'elle s'arrêta, elle se tourna vers moi et vint se jeter dans mes bras. C'est ainsi que nous sommes devenues amies. Et nos parents se lièrent également d'amitié. »

Hannah Goslar
Source : *Anne Frank Krant*, Maison Anne Frank, 2015.

Anne et Hannah à la maternelle, juin 1935.

La famille Ledermann, sur son balcon, 1936. De gauche à droite : Sanne, Ilse Ledermann-Citroen, Franz Ledermann et Barbara.

Au bureau, 1936. De gauche à droite : Miep Santrouschitz (épouse Jan Gies en juillet 1941), Otto Frank et Henk van Beusekom.

De gauche à droite : Hannah Goslar, Anne, Dolly Citroen, Hannah Toby, Barbara Ledermann et Sanne Ledermann (debout). La photo a été prise dans le jardin de la famille Toby, Place Merwede, 1937.

d'apprendre cette discipline. Début 1938, pour la dernière fois, Margot et Anne vont visiter grand-mère Holländer à Aix-la-Chapelle.

C'est alors que surviennent les problèmes d'argent d'Otto et d'Edith. L'entreprise Opekta ne marche pas aussi bien que prévu et l'Allemagne nazie se fait de plus en menaçante. Otto se rend à plusieurs reprises au Royaume-Uni, afin de chercher à y installer une entreprise, sans succès. Il fait alors la rencontre d'Hermann van Pels qui a également fui l'Allemagne nazie avec sa famille. Hermann est expert en herbes aromatiques. Otto Frank, en collaboration avec Johannes Kleiman, son partenaire, décide de lancer une deuxième entreprise, « Pectacon », qui aura, entre autres, pour objet le broyage, le mélange et la vente d'herbes aromatiques. Hermann van Pels est alors engagé.

L'Allemagne nazie s'enfonce dans les ténèbres. En 1938, la nuit du 9 au 10 novembre, les nazis incendient des centaines de synagogues et saccagent des milliers de magasins tenus par des Juifs. Plus d'une centaine de Juifs sont assassinés et près de 30 000 hommes juifs sont arrêtés, dont Julius et Walter, les frères d'Edith. Julius est libéré, étant ancien combattant de l'armée allemande lors de la Première Guerre mondiale, mais Walter est déporté au camp de concentration de Sachsenhausen. Cette nuit-là restera dans l'histoire comme la « Nuit de cristal », car au matin toutes les rues sont jonchées des bris de verre des vitrines détruites.

Julius et Otto mettent tout en œuvre pour faire libérer Walter. Début décembre, ils y parviennent. Walter obtient, du Service néerlandais de l'immigration, la permission de se rendre aux Pays-Bas et il est libéré. Walter arrive alors dans un camp de réfugiés d'Amsterdam. Il n'a pas le droit de travailler, mais il doit payer son hébergement. Les réfugiés sont placés sous surveillance policière et ne peuvent pas quitter le camp sans autorisation.

En mars 1939, grand-mère Holländer arrive elle aussi à Amsterdam. Elle s'installe chez les Frank. En passant par Amsterdam, Julius parvient à émigrer aux États-Unis. Walter le rejoint là-bas en décembre. Tous deux ont laissé leurs biens à

Anne et son père, lors d'une randonnée en bateau, 1938.

Photo de classe d'Anne de l'école Montessori, 1938.

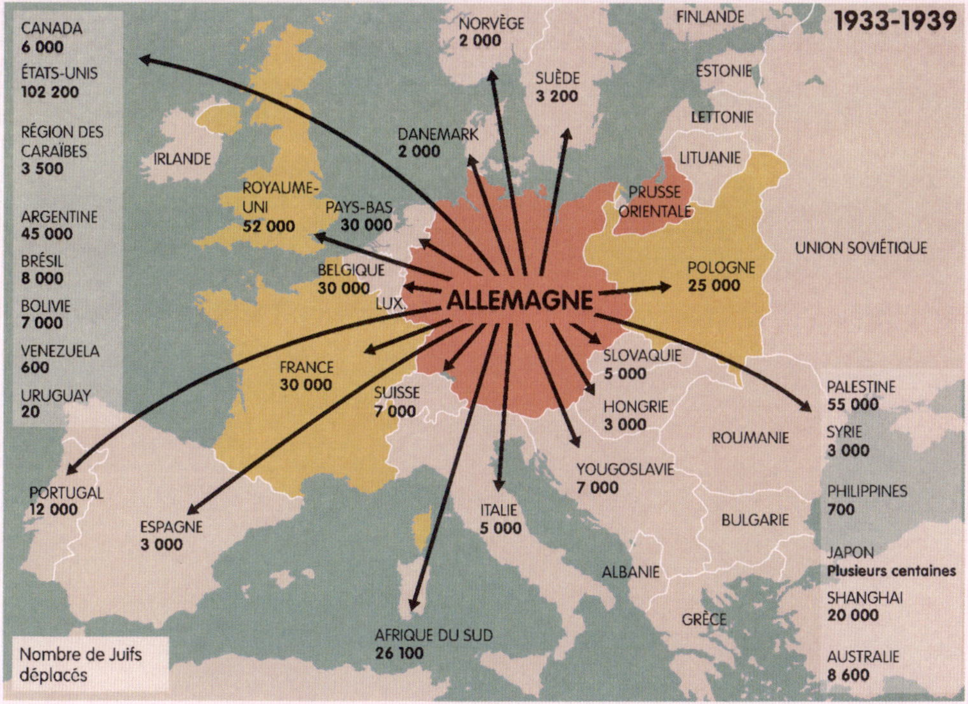

?

Où fuir ?

Quand Hitler prend le pouvoir en 1933, 500 000 Juifs vivent en Allemagne et ne représentent qu'un pour cent de la population. Entre la prise de pouvoir des nazis et septembre 1939, environ 250 000 Juifs parviennent à fuir l'Allemagne nazie. Le plus souvent, ils se rendent dans des pays qui seront plus tard occupés par l'armée allemande, comme les Pays-Bas. Le nombre de réfugiés juifs indiqué sur la carte n'est qu'une estimation. De nombreux réfugiés passent la frontière sans papiers valables et les pays où ils se réfugient ne tiennent pas de chiffres exacts. De plus, les réfugiés se déplacent d'un pays à l'autre, comme le font les oncles d'Anne.

Évacuation d'enfants

Un policier anglais parle avec cinq petites filles juives venant d'Allemagne nazie. Elles débarquent le 12 décembre 1938 à Harwich (au Royaume-Uni). Suite à la Nuit de cristal qui a eu lieu en novembre 1938 en Allemagne, au cours de laquelle des Juifs ont été menacés, brutalisés, arrêtés et assassinés, de nombreux Juifs cherchent à fuir aussi vite que possible. Mais ce n'est pas simple. La plupart des pays ont fermé leurs frontières et ne laissent entrer que peu de réfugiés juifs. Le Royaume-Uni fait une exception pour les enfants juifs, mais leurs parents ne sont pas autorisés à les accompagner lors de ces évacuations exclusivement réservées aux enfants. Entre décembre 1938 et septembre 1939, plus de 10 000 enfants juifs en provenance de l'Allemagne nazie sont évacués par train et par bateau au Royaume-Uni, leur offrant la sécurité. La plupart des enfants accueillis dans des familles survivront à la guerre, contrairement aux autres membres de leur famille.

Une Allemagne grande et puissante

Défilé de l'armée allemande à Nuremberg, septembre 1935. Après la Première Guerre mondiale, l'Allemagne a été obligée de céder des terres aux vainqueurs, comme convenu dans le Traité de paix de Versailles, et parce que l'Allemagne avait commencé la guerre. Hitler et les nazis ne souhaitent pas seulement regagner ces terres, ils veulent également étendre le territoire allemand. En 1938, Hitler réussit, sans combattre, à annexer l'Autriche et certaines parties de la Tchécoslovaquie. Le Royaume-Uni et la France n'interviennent pas. Ces pays ne veulent pas, après la Première Guerre mondiale qui a engendré des millions de victimes, d'une nouvelle guerre en Europe. Mais les nazis visent à doter le peuple allemand d'une surface habitable (« *Lebensraum* ») encore bien plus grande. Ils souhaitent étendre leur territoire à l'Europe orientale. Pour ce faire, l'Allemagne nazie se dote d'une grande armée moderne.

L'invasion de la Pologne

Des soldats allemands défilent dans un village polonais. Le 1er septembre 1939, l'armée allemande envahit la Pologne. L'armée polonaise n'est pas de taille à se mesurer aux Allemands qui disposent de multiples armes modernes. L'Allemagne nazie et la Russie conviennent secrètement du partage de la Pologne : la partie occidentale revient à l'Allemagne nazie et la partie orientale revient à la Russie. Derrière les soldats allemands du front, les unités spéciales de SS (l'escadron de protection) font rage. En l'espace de quatre mois, les SS assassinent plus de 60 000 civils polonais, parmi lesquels 7 000 Juifs. Les nazis enferment les Juifs polonais dans des ghettos, c'est-à-dire des quartiers fermés d'une ville ou d'un village. Puis, à partir de ces ghettos, les Juifs (hommes, femmes et enfants) seront plus tard déportés vers les camps de concentration et d'extermination.

Aix-la-Chapelle et sont obligés d'abandonner leur commerce dans les métaux. Aux États-Unis, ils vont devoir repartir à zéro. Ils s'installent dans la région de Boston. Walter trouve un travail d'employé non qualifié dans une usine de carton, Julius dans une fabrique de cuir.

Le 12 juin, Anne fête son dixième anniversaire. Elle habite aux Pays-Bas depuis six ans et est en quatrième année à l'école Montessori. Après l'été, Anne entre en cinquième année et Margot en 2e secondaire au Lycée pour les filles.

Le 1er septembre 1939, l'armée allemande envahit la Pologne. Comme la France et l'Angleterre ont promis de soutenir la Pologne en cas d'invasion, les deux pays déclarent alors la guerre à l'Allemagne nazie, mais ils n'envoient pas de soldats en Pologne. La tension monte d'un cran lors de l'invasion du Danemark et de la Norvège, en avril 1940, par l'Allemagne nazie.

La famille Frank suit de près la moindre information sur la guerre. Fin avril 1940, Margot adresse une lettre à Betty Ann Wagner, sa correspondante américaine, dans laquelle elle dit : « Nous écoutons très souvent la radio, car nous vivons des moments de chamboulement total. Comme nous partageons une frontière avec l'Allemagne et que le pays est si petit, nous ne nous sentons jamais en sécurité. »

Poème d'Anne écrit dans l'album de poésie de son amie Juultje Ketellapper.

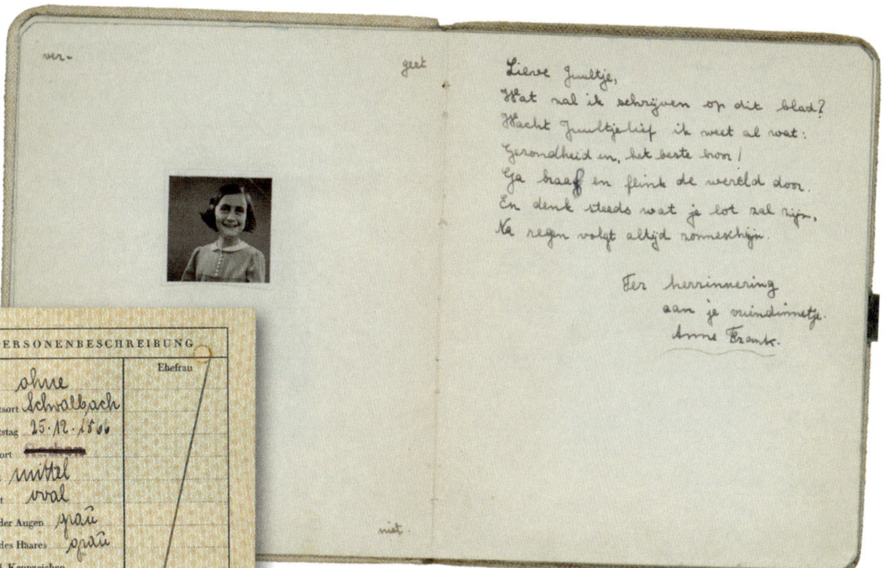

Le passeport de grand-mère Holländer.

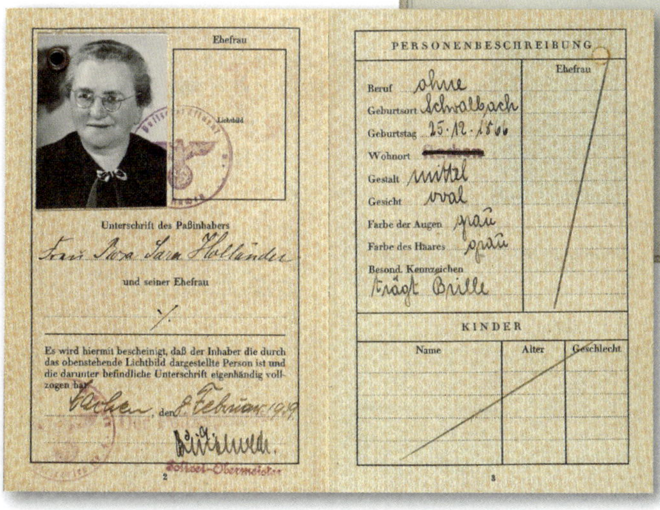

Chapitre 3

La guerre !

Dans la nuit du 9 au 10 mai 1940, la famille Frank est réveillée par de fortes explosions et le vrombissement d'avions. De chez eux, ils aperçoivent le bombardement de l'aéroport de Schiphol. Toutes leurs craintes se concrétisent : l'armée allemande attaque les Pays-Bas. La guerre éclate !

À Amsterdam, la communauté juive est prise de panique. Les Juifs qui ont fui l'Allemagne après la Nuit de cristal savent parfaitement de quoi les nazis sont capables. Ils en ont déjà subi les lourdes conséquences. Certains se précipitent au port d'IJmuiden et tentent de s'embarquer pour le Royaume-Uni. Mais seuls quelques-uns y parviendront. D'autres, en désespoir de cause, se suicident ne pouvant se résoudre à attendre l'arrivée des nazis.

Très vite, chacun sait que l'armée néerlandaise va perdre la bataille. En effet, l'armée allemande, parfaitement entraînée, dispose d'armes modernes. La reine Wilhelmina et tous les ministres s'enfuient au Royaume-Uni. Le 14 mai, quand les avions allemands ravagent le centre-ville de Rotterdam, le commandement de l'armée néerlandaise met fin aux combats. Les Pays-Bas sont occupés, les nazis prennent le pouvoir.

Après l'invasion allemande, la vie continue comme avant pour la famille Frank. Le 20 mai, Anne et Margot retournent à l'école, comme si de rien n'était. Mais le 12 juin, ils ne fêteront pas l'anniversaire d'Anne. Personne n'est d'humeur à s'amuser. Pendant les vacances d'été, ils iront parfois à la plage. Après les vacances, Anne doit entamer sa dernière année d'école primaire.

Mais aux Pays-Bas, les nazis commencent également à exclure les Juifs, comme ils l'ont fait en Allemagne. Ils multiplient les

Anne, mai 1940.

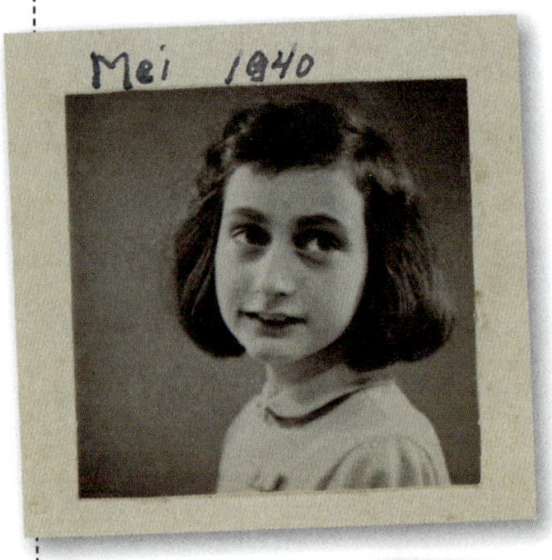

Margot, mai 1940.

Anne, sa maîtresse d'école, Mme Godron, et ses camarades de classe Martha van den Berg (à gauche) et Rela Salomon (à droite), 1940.

Pourquoi Hitler a-t-il attaqué les Pays-Bas ?

L'Allemagne nazie attaque les Pays-Bas en mai 1940. Cette attaque fait partie d'un vaste plan d'attaque visant à vaincre la France. Comme au cours de la Première Guerre mondiale, les Pays-Bas adoptent la neutralité. Les Pays-Bas ne se rangent pas du côté de l'Allemagne, mais ne souhaitent pas soutenir le Royaume-Uni et la France. Mais Hitler ne respecte en rien la neutralité des Pays-Bas. Selon ses plans, afin de vaincre la France, il veut d'abord annexer les Pays-Bas, la Belgique et le Luxembourg. Et par cette voie, l'armée allemande pourra contourner la puissante ligne de défense française établie à la frontière entre l'Allemagne et la France. Une fois la France vaincue, Hitler projette d'attaquer le Royaume-Uni, en partant des ports néerlandais et belges.

Des soldats allemands et un soldat néerlandais décédé, mai 1940. En mai, environ 2 200 soldats néerlandais ont été tués.

Les nazis néerlandais

Le 16 mai 1940, des nazis néerlandais adressent un salut nazi à des soldats allemands. Ils se tiennent sur le pont Berlage à Amsterdam. Dès 1931, aux Pays-Bas, un parti politique sympathisant avec les idées nazies voit le jour : le Mouvement socialiste national (NSB). Ce parti est dirigé par Anton Mussert. En 1935, le parti NSB obtient presque 8 % des suffrages aux élections. En 1943, le NSB enregistre le nombre record de plus de 100 000 membres. Leur collaboration avec l'occupant allemand déclenche la haine chez de nombreux Néerlandais. À l'instar du parti nazi, le parti NSB possède une section pour les jeunes, le *Jeugdstorm* et son escadron paramilitaire : le *Weerafdeling* (WA).

Comment les nazis savaient qui était Juif ?

En janvier 1941, tous les Juifs des Pays-Bas doivent se faire enregistrer. Auparavant, les nazis ont institué des lois raciales qui instaurent comment l'on détermine qui est Juif. Selon ces lois, toute personne dont l'un des grands-parents est juif doit acheter et remplir un formulaire à la mairie. 160 000 Juifs vivent aux Pays-Bas. Plus de 15 000 d'entre eux viennent de l'Allemagne nazie. Cet enregistrement est organisé par les fonctionnaires néerlandais. Ainsi, au printemps 1941, l'occupant allemand sait précisément qui est Juif. Et les cartes d'identité de chaque personne juive sont estampillées, à deux endroits, d'un « J » en noir.

?

BEWIJS
VAN AANMELDING,

als bedoeld in artikel 9, eerste lid, van de Verordening No. 6/1941 van den Rijkscommissaris voor het bezette Nederlandsche gebied, betreffende den aanmeldingsplicht van personen van geheel of gedeeltelijk joodschen bloede.

JOODSCHE RAAD VOOR AMSTERDAM

De ondergeteekende, ambtenaar voor de aanmelding, verklaart dat de aan keerzijde aangeduide persoon, opgenomen in het Bevolkingsregister dezer gemeente, heeft voldaan aan de verplichting tot aanmelding volgens de bovengenoemde Verordening.

Afgegeven op 20 MAART 1941

in Gemeente AMSTERDAM

~~De Burgemeester,~~
voor den Burgemeester,
De Administrateur
afd. Bev.register en Verkiezingen.

En tant que preuve d'inscription, chaque résident juif reçoit cette carte. Au dos de la carte se trouvent les données personnelles.

La grève de février

Au cours de l'hiver 1940-1941, l'atmosphère aux Pays-Bas occupés se détériore. Les nazis néerlandais attaquent les Juifs et détruisent leurs biens. Dans les rues et les cafés, les bagarres éclatent entre les Juifs et les membres du WA. À la suite d'une bagarre ayant eu lieu à Amsterdam, un homme du WA est grièvement blessé et finit par décéder. La situation reste tendue. En représailles, l'occupant allemand organise une rafle au cours de laquelle plus de 400 hommes juifs sont arrêtés et déportés au camp de concentration de Mauthausen, ce qui choque de nombreux Néerlandais. Le 25 février 1941, des milliers de personnes à Amsterdam et dans la région se mettent en grève afin de protester contre la persécution des Juifs, à la surprise des nazis. Deux jours plus tard, les nazis mettent fin aux grèves avec la plus grande brutalité. Neuf grévistes sont abattus, 24 personnes sont blessées et des dizaines sont arrêtées. En Europe occupée, la Grève de février sera l'unique mouvement de protestation de masse contre les persécutions des Juifs.

Un soldat allemand garde des prisonniers juifs, le 22 février 1941.

les enfants, à Zandvoort. Elles découvrent alors la mer ! À la fin de l'été, Margot entre en troisième année et Anne retourne à la maternelle. Déjà, Margot et Anne maîtrisent assez bien le néerlandais.

C'est un véritable soulagement pour Otto et Edith Frank d'avoir fui l'Allemagne nazie. Mais ils se font un sang d'encre pour les membres de leur famille restés au pays : la mère d'Edith et ses deux frères, Julius et Walter. Déjà, tous les membres de la famille d'Otto ont fui : son frère Robert a déménagé à Londres, son frère Herbert s'est installé à Paris et sa sœur Leni (avec son mari Erich Elias et leurs fils Stephan et Bernd) a choisi de s'établir à Bâle, en Suisse, où grand-mère Frank s'est réfugiée depuis 1933.

Chaque jour l'Allemagne nazie devient plus invivable pour les Juifs. Les fonctionnaires et enseignants juifs sont licenciés. Les pancartes indiquant « Interdit aux Juifs » se multiplient, que ce soit à la piscine ou dans les parcs. À l'entrée des villes et des villages, des pancartes et autres banderoles affichent leurs slogans : « Ici les Juifs ne sont pas les bienvenus » ou « Nous ne voulons pas de Juifs ici ». Dans les journaux et à la radio, les nazis répètent sans cesse que les Juifs font « le malheur de l'Allemagne ». Et les Allemands se laissent petit à petit influencer par cette propagande de haine.

En septembre 1935, les nazis franchissent encore une étape. Dans un premier temps, tous les habitants doivent déclarer le nombre de grands-parents juifs que compte leur famille. Les descendants de trois ou quatre grands-parents juifs sont « entièrement juifs », ceux qui ont deux grands-parents juifs sont à « moitié juifs » et le descendant d'un grand-parent juif est à « un quart juif ». Les nazis instituent alors des lois spéciales. Les relations amoureuses et les mariages entre Juifs et non-Juifs deviennent interdits. Les Juifs Allemands se voient de plus en plus discriminés.

La famille Frank espace ses visites en Allemagne et en Suisse, car voyager en Allemagne nazie devient toujours plus dangereux. Fin 1937, Anne est ravie de pouvoir accompagner son père à Bâle pour visiter la famille. Elle s'en donne à cœur joie avec son cousin Bernd. Il adore le patinage artistique et Anne se met en tête

La famille Ledermann, sur son balcon, 1936. De gauche à droite : Sanne, Ilse Ledermann-Citroen, Franz Ledermann et Barbara.

Au bureau, 1936. De gauche à droite : Miep Santrouschitz (épouse Jan Gies en juillet 1941), Otto Frank et Henk van Beusekom.

De gauche à droite : Hannah Goslar, Anne, Dolly Citroen, Hannah Toby, Barbara Ledermann et Sanne Ledermann (debout). La photo a été prise dans le jardin de la famille Toby, Place Merwede, 1937.

d'apprendre cette discipline. Début 1938, pour la dernière fois, Margot et Anne vont visiter grand-mère Holländer à Aix-la-Chapelle.

C'est alors que surviennent les problèmes d'argent d'Otto et d'Edith. L'entreprise Opekta ne marche pas aussi bien que prévu et l'Allemagne nazie se fait de plus en menaçante. Otto se rend à plusieurs reprises au Royaume-Uni, afin de chercher à y installer une entreprise, sans succès. Il fait alors la rencontre d'Hermann van Pels qui a également fui l'Allemagne nazie avec sa famille. Hermann est expert en herbes aromatiques. Otto Frank, en collaboration avec Johannes Kleiman, son partenaire, décide de lancer une deuxième entreprise, « Pectacon », qui aura, entre autres, pour objet le broyage, le mélange et la vente d'herbes aromatiques. Hermann van Pels est alors engagé.

L'Allemagne nazie s'enfonce dans les ténèbres. En 1938, la nuit du 9 au 10 novembre, les nazis incendient des centaines de synagogues et saccagent des milliers de magasins tenus par des Juifs. Plus d'une centaine de Juifs sont assassinés et près de 30 000 hommes juifs sont arrêtés, dont Julius et Walter, les frères d'Edith. Julius est libéré, étant ancien combattant de l'armée allemande lors de la Première Guerre mondiale, mais Walter est déporté au camp de concentration de Sachsenhausen. Cette nuit-là restera dans l'histoire comme la « Nuit de cristal », car au matin toutes les rues sont jonchées des bris de verre des vitrines détruites.

Julius et Otto mettent tout en œuvre pour faire libérer Walter. Début décembre, ils y parviennent. Walter obtient, du Service néerlandais de l'immigration, la permission de se rendre aux Pays-Bas et il est libéré. Walter arrive alors dans un camp de réfugiés d'Amsterdam. Il n'a pas le droit de travailler, mais il doit payer son hébergement. Les réfugiés sont placés sous surveillance policière et ne peuvent pas quitter le camp sans autorisation.

En mars 1939, grand-mère Holländer arrive elle aussi à Amsterdam. Elle s'installe chez les Frank. En passant par Amsterdam, Julius parvient à émigrer aux États-Unis. Walter le rejoint là-bas en décembre. Tous deux ont laissé leurs biens à

Anne et son père, lors d'une randonnée en bateau, 1938.

Photo de classe d'Anne de l'école Montessori, 1938.

Aix-la-Chapelle et sont obligés d'abandonner leur commerce dans les métaux. Aux États-Unis, ils vont devoir repartir à zéro. Ils s'installent dans la région de Boston. Walter trouve un travail d'employé non qualifié dans une usine de carton, Julius dans une fabrique de cuir.

Le 12 juin, Anne fête son dixième anniversaire. Elle habite aux Pays-Bas depuis six ans et est en quatrième année à l'école Montessori. Après l'été, Anne entre en cinquième année et Margot en 2e secondaire au Lycée pour les filles.

Le 1er septembre 1939, l'armée allemande envahit la Pologne. Comme la France et l'Angleterre ont promis de soutenir la Pologne en cas d'invasion, les deux pays déclarent alors la guerre à l'Allemagne nazie, mais ils n'envoient pas de soldats en Pologne. La tension monte d'un cran lors de l'invasion du Danemark et de la Norvège, en avril 1940, par l'Allemagne nazie.

La famille Frank suit de près la moindre information sur la guerre. Fin avril 1940, Margot adresse une lettre à Betty Ann Wagner, sa correspondante américaine, dans laquelle elle dit : « Nous écoutons très souvent la radio, car nous vivons des moments de chamboulement total. Comme nous partageons une frontière avec l'Allemagne et que le pays est si petit, nous ne nous sentons jamais en sécurité. »

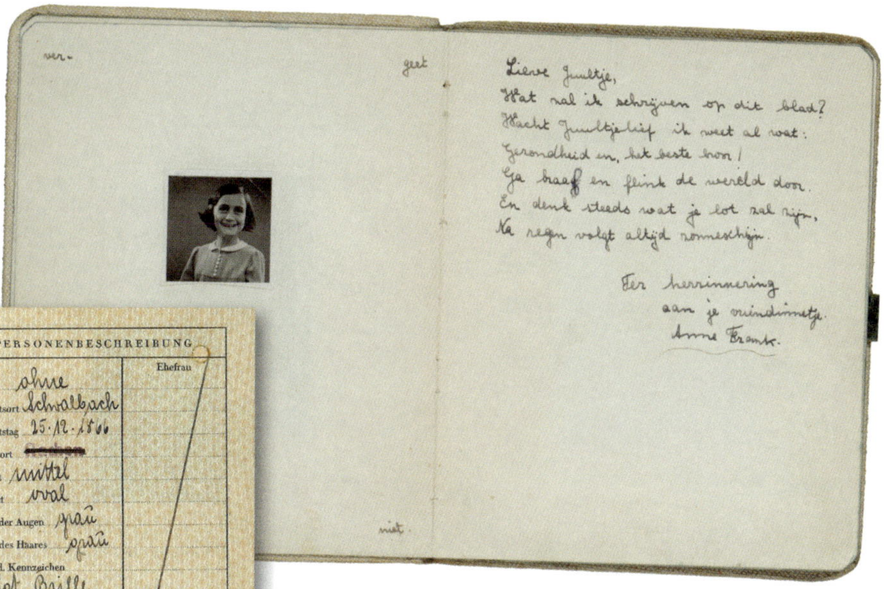

Poème d'Anne écrit dans l'album de poésie de son amie Juultje Ketellapper.

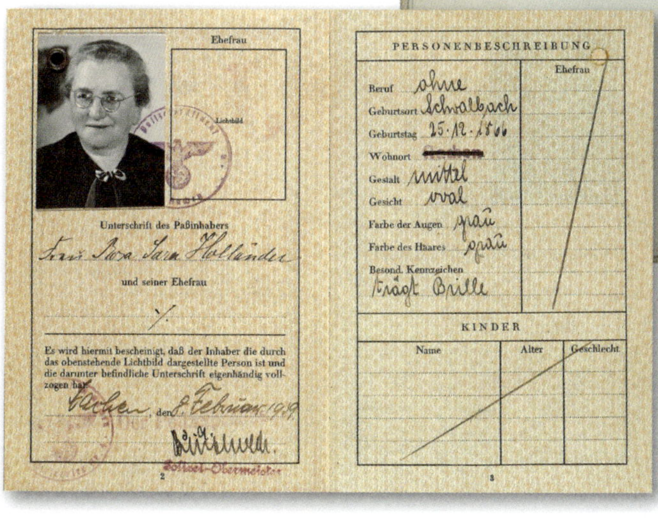

Le passeport de grand-mère Holländer.

Chapitre 3

La guerre !

Dans la nuit du 9 au 10 mai 1940, la famille Frank est réveillée par de fortes explosions et le vrombissement d'avions. De chez eux, ils aperçoivent le bombardement de l'aéroport de Schiphol. Toutes leurs craintes se concrétisent : l'armée allemande attaque les Pays-Bas. La guerre éclate !

À Amsterdam, la communauté juive est prise de panique. Les Juifs qui ont fui l'Allemagne après la Nuit de cristal savent parfaitement de quoi les nazis sont capables. Ils en ont déjà subi les lourdes conséquences. Certains se précipitent au port d'IJmuiden et tentent de s'embarquer pour le Royaume-Uni. Mais seuls quelques-uns y parviendront. D'autres, en désespoir de cause, se suicident ne pouvant se résoudre à attendre l'arrivée des nazis.

Très vite, chacun sait que l'armée néerlandaise va perdre la bataille. En effet, l'armée allemande, parfaitement entraînée, dispose d'armes modernes. La reine Wilhelmina et tous les ministres s'enfuient au Royaume-Uni. Le 14 mai, quand les avions allemands ravagent le centre-ville de Rotterdam, le commandement de l'armée néerlandaise met fin aux combats. Les Pays-Bas sont occupés, les nazis prennent le pouvoir.

Après l'invasion allemande, la vie continue comme avant pour la famille Frank. Le 20 mai, Anne et Margot retournent à l'école, comme si de rien n'était. Mais le 12 juin, ils ne fêteront pas l'anniversaire d'Anne. Personne n'est d'humeur à s'amuser. Pendant les vacances d'été, ils iront parfois à la plage. Après les vacances, Anne doit entamer sa dernière année d'école primaire.

Mais aux Pays-Bas, les nazis commencent également à exclure les Juifs, comme ils l'ont fait en Allemagne. Ils multiplient les

Anne, mai 1940.

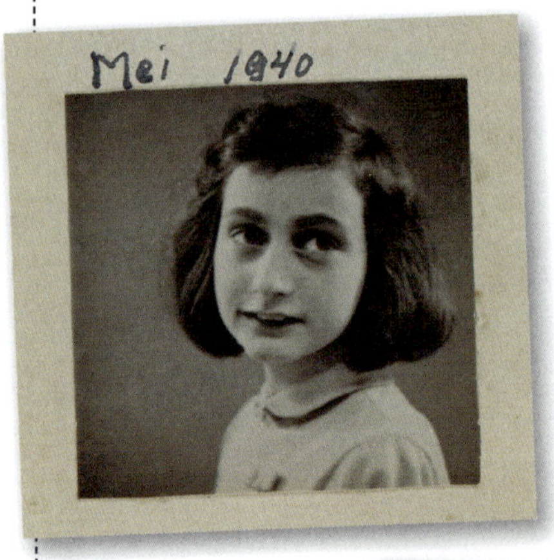

Margot, mai 1940.

Anne, sa maîtresse d'école, Mme Godron, et ses camarades de classe Martha van den Berg (à gauche) et Rela Salomon (à droite), 1940.

mesures anti-juives : les fonctionnaires juifs sont licenciés, les Juifs ne peuvent plus être membres de l'Association de la protection aérienne et l'abattage des animaux selon les rites juifs devient interdit.

Ces premières mesures n'affectent que très peu la famille Frank. Mais en octobre, tous les entrepreneurs juifs doivent se présenter à l'occupant. Otto a pleinement conscience qu'il s'agit de la première étape : il sait que ses entreprises finiront par être saisies par l'occupant. Déjà, en Allemagne nazie, les Juifs n'ont plus le droit de posséder leur propre entreprise.

Otto Frank se creuse la tête pour trouver une solution. Il demande à ses employés, Johannes Kleiman, Victor Kugler et Jan Gies, le mari de Miep, de prendre en charge la direction d'Opekta et de Pectacon. Formellement, les employés deviennent les nouveaux directeurs, mais toutes les questions importantes seront traitées en consultation avec Otto Frank.

Au cours de l'hiver, Anne se découvre une nouvelle passion : le patinage artistique. Dans une lettre pleine d'enthousiasme, elle écrit à ses petits cousins en Suisse qu'on lui a offert une paire de patins et qu'elle suit des cours. « Je passe le plus clair de mon temps à la patinoire. (...) Je prends régulièrement des cours de patinage artistique, j'apprends à valser, à sauter, et toutes les figures de style du patinage artistique. » Anne veut atteindre le niveau de son cousin Bernd qui donne déjà des démonstrations publiques.

Otto et Edith, quant à eux, sont terriblement inquiets des multiples mesures anti-juives, mais ils essaient de ne rien laisser paraître devant Margot et Anne. En janvier 1941, tous les Juifs ayant au moins un grand-parent juif doivent se présenter à la mairie. Ils doivent remplir des formulaires pour indiquer leur nom, adresse, âge, lieu de naissance, nationalité, statut matrimonial (marié ou divorcé, par exemple), métier, mais aussi leur religion, le nombre de grands-parents juifs et, éventuellement, leur dernier lieu de résidence en Allemagne. Désormais, les nazis savent où les Juifs habitent.

En février, l'atmosphère à Amsterdam devient menaçante. La première grande rafle a lieu au centre de la ville. La police

Anne (deuxième à gauche) au Vondelpark, Amsterdam, hiver 1940-1941. Elle adore faire du patinage artistique. Seule photo conservée où l'on voit Anne patiner.

Johannes Kleiman (à gauche) et Victor Kugler devant la porte du Prinsengracht 263, au début des années 1950.

allemande arrête des centaines d'hommes juifs et les déporte au camp de concentration de Mauthausen. Par la suite, de nombreuses familles reçoivent l'avis de décès de leur mari ou de leur fils.

Otto et Edith craignent le pire. Ils sollicitent l'aide de Nathan Straus, un vieil ami de l'université. Ce dernier s'est installé aux États-Unis. Otto et Edith veulent fuir les Pays-Bas occupés et rejoindre l'Amérique. Ils font également appel aux oncles Julius et Walter. Mais l'Amérique n'accepte qu'un nombre restreint de réfugiés. En outre, il leur faut un visa et une autorisation pour quitter les Pays-Bas. Et régler toute cette paperasse demande beaucoup de temps et d'argent.

En juin, les nazis font une nouvelle rafle non loin du quartier de la famille Frank. Plus de 300 hommes juifs sont arrêtés et déportés. Parmi eux, des amis et connaissances de la famille Frank. Cette rafle a lieu le 11 juin, la veille des douze ans d'Anne. La fête d'anniversaire est alors repoussée en raison de la rafle, mais aussi parce que grand-mère Holländer tombe gravement malade. Pendant les vacances d'été, Anne passe deux semaines avec son amie Sanne Ledermann. Les parents de Sanne ont loué une maison de vacances à Beekbergen, près d'Apeldoorn. Anne apprend à jouer au ping-pong et passe des heures à lire, car il pleut beaucoup. De temps en temps, Sanne et Anne gardent Ray, le bébé des amis qui partagent la maison avec eux. Dans une lettre, Anne écrit à sa grand-mère qu'à Beekbergen elle a enfin retrouvé le sommeil. Elle ne se réveille plus en sursaut à cause des alarmes et attaques aériennes.

Au mois d'août, Otto et Edith reçoivent une lettre de la mairie d'Amsterdam. Les nazis ont pris une nouvelle mesure : après les vacances d'été, tous les écoliers juifs iront dans des écoles séparées. Margot et Anne devront faire leurs adieux à leurs camarades de classe et à leurs professeurs.

Amsterdam comptait déjà quelques écoles juives ainsi que des écoles catholiques et protestantes, mais pour accueillir les quelque 7 000 écoliers juifs, de nouvelles écoles sont ouvertes. Le Lycée juif en fait partie. Margot entre en 4e secondaire et Anne en 1re secondaire, comme son amie Hannah. Mais avant la rentrée, il faudra

La famille Frank sur la Place Merwede, 1941.

Anne et Sanne Ledermann en vacances à Beekbergen avec Ray, le bébé d'amis de la famille Ledermann.

encore régler des tas de choses. Ainsi, l'école ne reprendra que le 15 octobre.

Mi-septembre, Anne a le bonheur de pouvoir faire un voyage avec son père. Otto a besoin de quelques jours de repos. Avec Anne, il séjourne dans un bel hôtel d'Arnhem. Tout est si beau au milieu de la nature.

Le premier jour d'école au Lycée juif, Anne et Hannah découvrent qu'elles ne sont pas dans la même classe. Anne ne connaît presque aucun de ses nouveaux camarades. Elle se sent seule. La troisième heure, lors du cours de gymnastique, Anne se sent immédiatement en confiance auprès du professeur et ose lui demander de l'aide. Le professeur s'arrange pour que Hannah soit placée, dès le cours suivant, dans la classe d'Anne.

Le 7 décembre 1941, l'aviation militaire japonaise bombarde les navires militaires américains à Pearl Harbor, port de l'archipel d'Hawaï, déclenchant la guerre entre le Japon et les États-Unis. Mais comme le Japon et l'Allemagne nazie sont alliés, c'est également la guerre entre l'Allemagne nazie et les États-Unis. Les frontières se ferment. Tous les espoirs de fuite que nourrissaient les parents d'Anne sont alors anéantis. Fuir les Pays-Bas occupés est devenu quasiment impossible.

L'année 1942 commence, pour la famille Frank, par un immense chagrin. Grand-mère Holländer, malade depuis quelque temps, décède à la fin du mois de janvier. Elle est enterrée au cimetière juif de Hoofddorp. Anne n'a plus que grand-mère Frank, installée à Bâle.

Anne adresse de temps en temps des lettres à sa grand-mère et aux autres membres de sa famille en Suisse. Mais dans ses lettres, elle ne peut pas écrire tout ce qu'elle veut, car les nazis contrôlent aussi la poste. En avril 1942, Anne écrit qu'elle a peur de ne plus savoir patiner, car elle n'a pas chaussé ses patins depuis bien longtemps.
Elle ne dit pas, par contre, que le patinage est interdit aux Juifs.

Elle dit aussi qu'elle se plait au Lycée juif, mais elle a tellement de leçons qu'elle n'a plus le temps de s'amuser. La classe d'Anne compte plus de garçons que de filles. Elle écrit : « Au début nous passions beaucoup

Margot (à gauche) et ses camarades du mouvement de la jeunesse, *Maccabi Hatzair*, prennent la pose pour la photo, lors d'une randonnée à vélo, 1941. Anne écrit dans son journal que Margot veut devenir sage-femme en Palestine.

Anne à Beekbergen, juin 1941. De gauche à droite : Anne, Tineke Gatsonides, Sanne et Barbara Ledermann.

de temps avec les garçons, mais ça se calme un peu maintenant, heureusement, parce que ça devenait pénible. »

Dans cette lettre, Anne parle aussi de Moortje, sa petite chatte noire. Elle espère que Moortje aura bientôt des « bébés chats ». Ce qui pourrait bien arriver, puisque Moortje se promène bien souvent dans le quartier et que beaucoup de chats tournent autour d'elle. Sanne adore Moortje elle aussi, selon Anne. Sanne va dans une autre école, mais Anne la voit très souvent. Hannah, l'amie d'Anne, a une petite sœur « adorable » qui marche déjà, écrit-elle aussi. Anne espère que la réponse arrivera le plus vite possible de Suisse.

Les parents d'Anne ont désormais abandonné leurs velléités de fuite. Johannes Kleiman leur suggère d'aménager une cachette et de s'y installer. Une partie de l'immeuble de l'entreprise d'Otto Frank - l'Annexe - est vide et conviendrait parfaitement. Otto et Edith se mettent d'accord avec Hermann van Pels pour s'y réfugier en famille, car il y a suffisamment de place pour deux familles. Ils espèrent que les nazis ne les y trouveront pas. Petit à petit, Otto Frank, Hermann van Pels et Johannes Kleiman aménagent les deuxième et troisième étages de l'Annexe. Mais la prudence est de mise, car personne ne doit remarquer les préparatifs. Meubles, victuailles et objets de toutes sortes de la famille Frank transitent d'abord chez Johannes Kleiman avant d'être acheminés à l'Annexe, le soir et le week-end.

Otto demande à ses autres employés - Victor Kugler, Miep Gies et Bep Voskuijl - s'ils sont prêts à les aider au cas où ils doivent se cacher, ce qui implique leur fournir tout ce dont ils auront besoin pour vivre. Les employés d'Otto promettent de les aider, parfaitement conscients des peines qu'ils encourent pour toute aide apportée aux Juifs.

Le vendredi 12 juin 1942, Anne fête ses treize ans. Elle reçoit un cadeau dont elle a beaucoup rêvé et qu'elle a choisi elle-même : un journal intime. Cette année-là, Anne est particulièrement gâtée, car ses onze ans et ses douze ans n'ont quasiment pas été fêtés. On lui offre des bonbons, des livres, des fleurs, un jeu et bien sûr elle reçoit une carte d'anniversaire de Suisse.

Le 16 juillet 1941, Miep épouse Jan Gies.

Otto et Anne, parmi d'autres invités, au mariage de Miep et Jan Gies, le 16 juillet 1941.

À l'école, Anne distribue des biscuits au beurre et pendant le cours de gym, elle choisit le jeu : du volley-ball. Dommage, mais elle ne peut pas y participer, car son coude se déboîte trop facilement. Après l'école, Anne invite ses amis chez elle.

Helmut Silberberg lui offre six beaux œillets. Helmut - que tout le monde surnomme Hello - n'est pas dans la même école qu'Anne. Ils se sont rencontrés par l'intermédiaire d'une camarade du quartier. Hello a déjà 16 ans et il est Allemand et Juif, comme Anne. Anne apprécie fortement sa compagnie. Le samedi, ils s'offrent souvent une glace chez les glaciers du quartier, Delphi et Oase. Les deux entreprises étant tenues par des propriétaires juifs, les Juifs ont encore le droit d'y aller. La plupart des autres établissements affichent : « Interdit aux Juifs ».

Le dimanche, c'est la fête. Anne invite toute la classe du Lycée juif. Les enfants juifs n'ont plus le droit d'aller au cinéma, alors Otto joue un film : « Rintintin et le gardien du phare ». Ensuite, Otto projette un petit film dont il est très fier : un film publicitaire pour Opekta.

Dès le jour suivant, Anne commence à remplir son journal. Elle se présente brièvement, puis elle décrit en quelques mots ses camarades de classe sans se gêner le moins du monde. En effet, elle a vraiment une dent contre certains de ses camarades.

À l'école, tous les sujets de conversation tournent autour des bulletins scolaires. Qui passe dans la classe suivante ? Qui redouble ? Des garçons font même des paris. Le vendredi 3 juillet, c'est le grand jour. Tous les élèves et enseignants du Lycée juif se rassemblent au Théâtre juif. On écoute d'abord de la musique, puis des discours sérieux, et enfin chaque élève reçoit son bulletin scolaire. Anne n'est pas mécontente. Elle n'a pas la moyenne en algèbre, mais elle a deux 6, sept 7 et deux 8 (sur 10). Les vacances d'été peuvent commencer.

Dimanche matin, Hello rend visite à Anne. Il fait beau et chaud, et ils s'installent sur le balcon pour bavarder jusqu'au moment où Hello doit partir, mais il promet de revenir dans l'après-midi. Vers trois heures, la sonnette retentit. Sur le balcon, Anne est plongée dans sa lecture.

Photo d'école d'Anne, du Lycée juif, décembre 1941.

Photo d'école de Margot, du Lycée juif, décembre 1941.

La mère d'Anne, qui va ouvrir la porte, est alors saisie d'effroi. C'est un agent de police ! Il lui remet une carte stipulant que Margot doit se présenter aux autorités. Dès le départ de l'agent, Edith se rend chez Hermann van Pels. Otto n'est pas chez lui, il est en visite chez une connaissance de Francfort.

Margot ment à Anne et lui dit que la convocation est destinée à leur père et qu'il doit se présenter pour aller travailler en Allemagne, pour les nazis. Quand Edith revient à la maison accompagnée de Hermann van Pels, elle ferme la porte à clé et interdit qu'on ouvre.

Quand Anne apprend par la suite que la convocation n'était pas pour leur père, mais bien pour Margot, elle fond en larmes. Margot est-elle vraiment obligée d'aller dans l'un de ces horribles camps de travail ? Toute seule ? Elle a tout juste seize ans ! Edith tente de rassurer Anne : tout est déjà prêt et demain ils partiront. Soudain, la sonnette retentit à nouveau ! Anne est presque sûre qu'il s'agit de Hello, mais la porte restera close. Quand plus tard le téléphone sonne, on l'autorise à répondre. C'est son amie Jacqueline van Maarsen.

Elles bavardent un peu, mais Anne ne doit pas parler de la convocation.
À cinq heures, Otto Frank est de retour à la maison. Dès qu'il apprend la nouvelle, il appelle immédiatement Johannes Kleiman et lui demande de venir. Hermann van Pels se rend chez Miep et Jan Gies pour leur demander de venir les aider. Otto et Edith leur donnent autant de choses que possible qui devront être apportées à la cachette. Jusque très tard dans la soirée, les protecteurs multiplient les allers-retours entre chez eux et les Frank. Margot et Anne rassemblent aussi leurs affaires. Anne bourre son cartable d'école : d'abord son journal, mais aussi les lettres anciennes, puis les manuels scolaires, les bigoudis, les mouchoirs, un peigne...

Anne se met au lit à onze heures trente. Où pourrait bien se trouver cette mystérieuse cachette ? Épuisée, Anne tombe dans un profond sommeil, pour la toute dernière fois dans son propre lit.

À l'occasion de la petite fête d'anniversaire d'Anne, pour ses treize ans, Otto Frank passe le film « Rintintin et le gardien du phare », à la maison.
Les enfants ne peuvent pas aller au cinéma pour voir les aventures de Rintintin, le berger allemand, car le cinéma est « Interdit aux Juifs ».

Chapitre 4

Entrer dans la clandestinité

Le lendemain matin, Edith réveille Anne à cinq heures et demie. Anne doit porter autant de vêtements que possible, car ils ne peuvent pas se promener dans la rue avec une valise, ils se feraient remarquer. Anne enfile tout ce qu'elle peut : deux chemises, deux pantalons, une robe et une jupe. Elle étouffe, car ce jour-là il fait très chaud et il pleut.

Anne doit abandonner sa petite Moortje, qui n'a pas le droit de les accompagner. Ils laissent une lettre aux voisins leur demandant de prendre soin du chat. Edith dépose aussi un bout de papier sur lequel elle a griffonné une adresse à Maastricht. La famille Frank espère qu'on la croit en Suisse, après avoir fui en passant par Maastricht.

À sept heures trente, Miep Gies vient chercher Margot. Margot, qui a arraché l'étoile jaune de son manteau, accompagne Miep à vélo. Peu après, Otto, Edith et Anne se mettent en marche, transportant tout un barda dans des sacs. Pourvu qu'ils ne se fassent pas arrêter...

Ce n'est qu'au moment où ils se trouvent dans la rue que les parents d'Anne lui révèlent le lieu de la cachette. La cachette est à l'entreprise d'Otto ! Au bout d'une heure de marche, ils arrivent. Miep, qui les attend, leur ouvre la porte. Dégoulinants de pluie et de sueur, ils entrent.

Ils gravissent les marches de l'escalier étroit de l'Annexe et découvrent alors Margot qui est folle d'inquiétude. Ils sont tellement

1942 – 1944

Peu après sept heures trente du matin, Anne et ses parents, en chemin vers la cachette, le lundi 6 juillet 1942. Anne ne reverra jamais Moortje.

soulagés de ne pas avoir été contrôlés en chemin et heureux d'être tous en sécurité.

L'Annexe est dans un état indescriptible : cartons remplis d'objets divers, victuailles, meubles entassés les uns sur les autres. Otto et Edith avaient prévu d'entrer dans la clandestinité le 16 juillet, mais la convocation de Margot a entièrement chamboulé leurs plans. Les premiers jours, ils rangent et aménagent l'Annexe.

Anne et son père fabriquent des rideaux, pour disparaître de la vue des voisins. De simples bouts de tissus cousus entre eux, les rideaux n'ont rien de très élégant. Otto se charge de respecter le couvre-feu à la lettre. Dès la tombée de la nuit, toutes les fenêtres aux Pays-Bas occupés doivent être entièrement calfeutrées, aucun rayon de lumière ne doit filtrer. Même les réverbères des rues restent éteints, afin d'empêcher les bombardiers alliés de pouvoir s'orienter et de trouver ainsi l'itinéraire qui les mènerait aux villes allemandes.

Ce n'est que quelques jours après leur arrivée à l'Annexe qu'Anne trouve le temps de se pencher sur son journal. En si peu de temps, sa vie a été totalement bouleversée. Une semaine plus tôt, elle était encore à l'école, elle avait rendez-vous avec Hello et avec ses amies et elle attendait les vacances d'été avec impatience. À présent, elle vit cachée dans l'entreprise de son père et n'a plus le droit de mettre le nez dehors. Combien de temps vont-ils devoir rester ici ?

La famille Van Pels débarque à l'Annexe le 13 juillet : Hermann, sa femme Auguste et leur fils Peter. Anne connaît déjà Peter. Il était venu chez elle pour fêter ses treize ans et lui avait apporté du chocolat. Ce garçon n'est pas son genre, elle le trouve insipide et timide. Peter a apporté son chat : Mouschi. Anne a du mal à se faire à Mouschi qui lui rappelle terriblement Moortje... Elle espère que les voisins en prendront bien soin.

Elle rédige une lettre d'adieu à Jacqueline, son amie d'école. Elles avaient promis de s'écrire si l'une d'entre elles devait partir à l'improviste. Mais le père d'Anne refuse qu'elle envoie la lettre : c'est bien trop dangereux. Dans son journal, elle imagine qu'elle reçoit une réponse de Jacqueline et lui répond.

Miep Gies gravit les escaliers raides de l'Annexe qui mènent à la salle à manger/cuisine commune. Mouschi, le chat de Peter, jette un œil.

Après l'arrivée de Fritz Pfeffer, Margot s'installe dans la chambre de ses parents.

Anne lit tous les livres qui lui tombent sous la main, et surtout ceux de son écrivain préféré Cissy van Marxveldt qui racontent les aventures joyeuses de Joop ter Heul et de ses amies. Anne s'invente petit à petit une correspondance avec les amies de Joop ter Heul : Marianne, Emmy, Pop, Phien, Conny, Lou, Kitty et Jet. Elle fait comme si elles étaient ses amies. Mais finalement elles sont trop nombreuses et Anne finit par en choisir une seule : Kitty. C'est l'amie à laquelle toutes les lettres d'Anne sont adressées.

Anne ne peut se confier que dans ses écrits. À l'Annexe, les adultes la traitent comme un véritable bébé et lui tapent sur les nerfs. Elle n'a même plus le droit de claquer la porte, de trépigner ou d'aller faire un petit tour dehors, tout simplement.

Dans son journal, elle décrit également les événements de l'extérieur. Les nouvelles d'Amsterdam sont chaque jour plus sombres. De plus en plus de Juifs reçoivent des convocations les obligeant à se présenter aux autorités. Ceux qui n'y répondent pas sont arrêtés chez eux par les nazis, très souvent pendant la nuit. Et la police néerlandaise prête main-forte aux nazis.

Les clandestins l'apprennent par leurs protecteurs. Bep Voskuijl annonce aussi à Anne que Betty Bloemendal, sa camarade de classe, a été déportée. C'est un choc pour Anne qui s'inquiète terriblement : qu'est-il advenu de son amie ?

La radio, installée en bas, dans le bureau de la direction, distille également les nouvelles aux clandestins. La première fois qu'ils vont écouter la radio en bas, Anne se met dans tous ses états. Imaginez que les voisins l'entendent ! Anne veut retourner au plus vite à l'Annexe, en sécurité. Plus tard, elle s'y fait. Alors le soir et le week-end, les clandestins parcourent les divers locaux de l'entreprise. Anne apprécie grandement d'échapper quelques instants au confinement de la cachette.

En septembre, Miep Gies demande à Otto Frank si un huitième clandestin peut se joindre à eux : Fritz Pfeffer, une connaissance commune. Les clandestins et les protecteurs décident ensemble de l'accueillir. Margot s'installe dans la chambre de ses parents et Fritz Pfeffer dans la chambre d'Anne. Otto pense que c'est la meilleure solution.

Victor Kugler donne les dernières nouvelles du monde extérieur aux clandestins.

À partir du 17 novembre 1942, Fritz Pfeffer devient le huitième clandestin de l'Annexe. Au départ, Anne apprécie son nouveau camarade de chambre, mais très vite il commence à l'agacer. Il lui fait continuellement des remarques sur son comportement et répète tout à sa mère. Anne en souffre.

Heureusement, l'Annexe connaît aussi quelques moments de joie. En effet, les clandestins fêtent la Saint-Nicolas pour la première fois de leur vie. Les protecteurs se sont chargés d'acheter des petits cadeaux et ont composé des poèmes amusants. La Saint-Nicolas se transforme en une véritable petite fête.

Pour passer le temps, Otto et Edith avaient prévu des occupations. Ils ont apporté des manuels scolaires pour Margot et Anne, et Otto donne des cours à Margot, Anne et Peter. Et toutes les semaines, les protecteurs apportent un choix de livres de la bibliothèque pour les clandestins. Anne dévore chacun de ces livres. La lecture égaie leur routine.

Les clandestins savent comme personne qu'ils ne pourront tenir le coup dans cette promiscuité qu'en organisant leurs journées selon un horaire très strict. Et bien entendu, ils doivent se plier à des règles de sécurité très rigoureuses, car le moindre bruit peut être source de danger. Juste en bas, des gens travaillent à l'entrepôt, mais ne savent rien des clandestins. Personne ne doit remarquer la présence des clandestins à l'Annexe.

L'évacuation des toilettes de l'Annexe passe directement par l'entrepôt. Tous les matins, la tension est extrême pendant les trente minutes qui séparent l'arrivée des employés de l'entrepôt et celle des protecteurs. Les clandestins doivent se tenir extrêmement tranquilles et ne peuvent pas utiliser les toilettes. Après l'arrivée des protecteurs, ils peuvent y aller à nouveau. Les employés de l'entrepôt peuvent toujours s'imaginer qu'il s'agit de la chasse d'eau du bureau.

Les clandestins portent tous des chaussons et doivent parler à voix basse. Au moment du déjeuner, c'est le soulagement, car les employés de l'entrepôt retournent déjeuner chez eux. Et souvent, les protecteurs

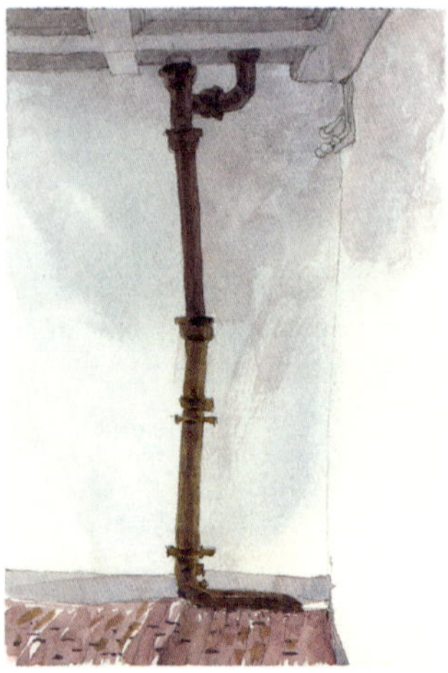

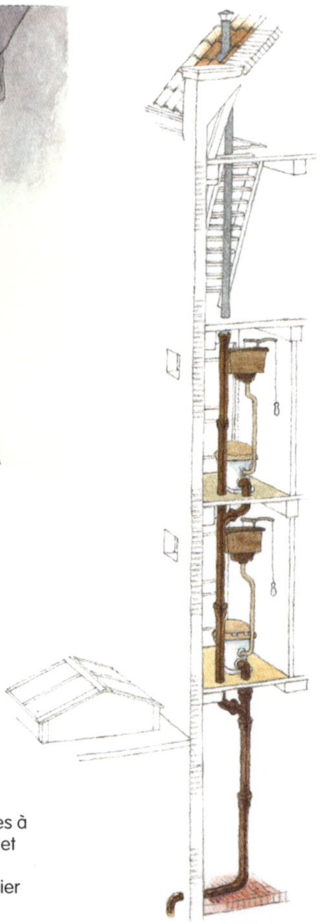

Il y a deux toilettes : des toilettes à l'Annexe, au deuxième étage, et des toilettes réservées aux employés du bureau, au premier étage. L'évacuation passe directement par l'entrepôt.

Le soir, les clandestins vont chacun leur tour à la salle d'eau. De vingt et une heures à vingt et une heures trente, la salle d'eau est réservée à Anne.

montent à l'Annexe pour déjeuner avec eux et papoter. C'est le plus beau moment de la journée.

Les protecteurs se chargent d'apporter tout le nécessaire aux clandestins. Et il en faut de la nourriture pour huit personnes. Heureusement, ils peuvent compter sur certains commerçants du quartier, comme le boulanger, le boucher et le marchand de légumes.

La tristesse de l'hiver prend fin et le printemps arrive. Le 12 juin 1943, Anne fête ses quatorze ans. C'est son premier anniversaire à l'Annexe, alors qu'elle n'a pas mis le nez dehors depuis près d'un an. On lui offre des bonbons et un très gros livre sur la mythologie grecque et romaine. Son père lui compose un très beau poème d'anniversaire.

Anne passe le plus clair de son temps à écrire. Son journal est sa passion, mais elle rédige aussi des nouvelles et recopie des passages de livres qui la touchent. Ses nouvelles parlent de ses années d'école ou de la vie à l'Annexe, et elle invente parfois des contes de fées. Elle se lance dans l'écriture d'un roman, *La vie de Cady*, où elle raconte la vie de son père. Mais au bout de quelques chapitres, elle abandonne son projet. Elle réalise qu'elle manque cruellement d'expérience personnelle.

Malheureusement, sa passion pour l'écriture l'entraîne dans des querelles retentissantes avec Fritz Pfeffer. Anne a besoin de la petite table de leur chambre pour écrire, mais lui aussi. Fritz étudie l'espagnol, car après la guerre, il projette d'émigrer au Chili. Anne lui demande poliment de partager le temps d'utilisation de la petite table de manière équitable, mais il ne veut rien entendre. Après avoir renouvelé sa requête, en vain, elle fait appel à son père. Il décide d'en parler à Fritz. Finalement Fritz concède : deux après-midi par semaine, Anne aura le droit d'utiliser la petite table.

Anne supporte difficilement la vie à l'Annexe. Grand-mère Holländer lui manque et elle se demande ce que Hannah est devenue. Hannah et ses autres amies ont peut-être été déportées dans un camp de concentration… Alors Anne ne peut plus rien faire pour elles, seulement prier. Sa croyance en Dieu la réconforte et lui donne de la force.

Anne Frank et Fritz Pfeffer ont bien du mal à partager la petite chambre.

Anne aime jeter un œil furtif à travers les rideaux de bureau, côté rue des locaux de l'entreprise, pour voir ce qui se passe dehors.

Anne adresse les lettres de son journal à Kitty, mais elle aimerait tellement se confier à quelqu'un et lui dire enfin ce qui l'anime. À Peter peut-être ? Un soir, elle monte le voir dans sa chambre. Et très vite ils se font des confidences. Tout y passe : les parents, les rêves et l'amour. Anne ne s'attendait pas à ça de la part de ce garçon ennuyeux.

Peter et Anne tombent amoureux l'un de l'autre. Un soir, assis tous les deux l'un près de l'autre dans la chambre de Peter, ils échangent leur premier baiser. Le premier baiser d'Anne ! Dans les semaines qui suivent, ils se rencontrent le plus souvent possible au grenier, où ils se sentent plus libres. Se trouver dans les bras de Peter, rien n'est plus beau pour Anne, mais parfois elle doute. N'allons-nous pas un peu trop vite ? Et qu'en diraient ses parents ?

Elle se confie à son père, mais ne lui dit pas qu'ils sont amoureux l'un de l'autre. Otto ne désapprouve pas immédiatement cette relation, mais il y revient plus tard. La vie à l'Annexe n'a rien à voir avec celle du monde normal, dans lequel Anne pourrait rencontrer d'autres garçons et filles, et passer du temps avec eux. Ainsi, le père d'Anne estime qu'elle devrait consacrer moins de temps à Peter. Que se passera-t-il s'ils se disputent ? La vie est déjà tellement compliquée à l'Annexe.

Mais Anne ne veut rien entendre, elle continue à fréquenter Peter. Alors Otto la réprimande et Anne se fâche. Elle adresse alors une longue lettre à son père. Il ne devrait pas la traiter comme une petite fille. Elle se considère déjà bien plus adulte que les autres filles de son âge et tout le mérite lui revient. Ses parents ne l'ont jamais soutenue. Selon Anne, les choses sont simples : son père doit lui faire confiance ou lui interdire de fréquenter Peter.

Cette lettre brise le cœur d'Otto. Il en discute longtemps avec Anne. Pourquoi lui a-t-elle écrit cette lettre ? Edith et lui-même l'ont toujours soutenue et ont toujours été de son côté. Comment peut-elle s'imaginer qu'elle n'a toujours pu compter que sur elle-même ? Anne comprend alors qu'elle a exagéré et elle en éprouve du remords.

Au printemps 1944, les clandestins apprennent, par le biais de *Radio Orange*, la radio néerlandaise émettant d'Angleterre,

De la fenêtre du grenier de l'Annexe, Anne aime observer le marronnier majestueux, le ciel et les oiseaux.

L'escalier qui mène au grenier se trouve dans la chambre de Peter, Anne la baptise alors : « la petite chambre couloir ». En secret, Anne est jalouse de Peter, qui dispose d'un lieu privé.

que tous les journaux intimes, lettres et autres documents seront rassemblés, afin de témoigner de la vie quotidienne pendant la guerre. Le journal d'Anne vient immédiatement à l'esprit des clandestins et Anne se met une idée en tête. Après avoir mûrement réfléchi, elle décide en mai de se lancer dans un véritable livre racontant sa vie à l'Annexe.

Pour écrire ce livre, elle s'inspirera des textes de son journal. Elle rédige alors une version plus fouillée et plus longue de son journal. Elle supprime des passages qu'elle trouve trop personnels ou de mauvaise qualité, et ajoute de nouveaux passages. Elle a déjà trouvé le titre : *Het Achterhuis* (L'Annexe). Après la guerre, son rêve le plus cher est de devenir journaliste et écrivain célèbre.

Entre-temps, son amour pour Peter s'estompe et elle prend ses distances. Peter n'est pas devenu cet ami qu'elle avait tant espéré. Elle aurait aimé pouvoir lui livrer ses pensées les plus profondes et lui révéler ses sentiments, mais ceci s'avère impossible. Anne regrette également que son père se confie si peu. Ainsi, elle ne ressent pas le besoin de lui faire ses confidences.

Le 6 juin 1944, les nouvelles sont très bonnes ! Des milliers de militaires des forces alliées ont traversé la Manche à bord de navires de guerre et ont débarqué sur les côtes françaises. Les militaires veulent libérer les pays occupés et anéantir l'Allemagne nazie. L'Allemagne nazie est prise en étau : les Russes attaquent par le front Est et les Américains, les Britanniques, les Canadiens et les autres alliés par le front Ouest. Margot déclare qu'Anne pourra peut-être retourner à l'école dès octobre prochain. Imaginez-vous !

Dans son journal, Anne ne parle presque plus de la vie quotidienne à l'Annexe, ni de la guerre. Elle se penche surtout sur elle-même. Pourquoi est-elle si différente dès qu'elle se trouve en compagnie d'autres personnes ? Elle se montre alors superficielle, elle ne veut pas révéler son côté sérieux, qu'elle trouve pourtant plus beau et qu'elle préfère. Elle n'a finalement aucun doute sur la personne qu'elle voudrait être, mais au fond elle n'y parvient pas.

Le vendredi 4 août 1944 semble un jour comme les autres. Les clandestins sont tous debout, ils ont pris leur petit-déjeuner et sont concentrés sur leur travail.

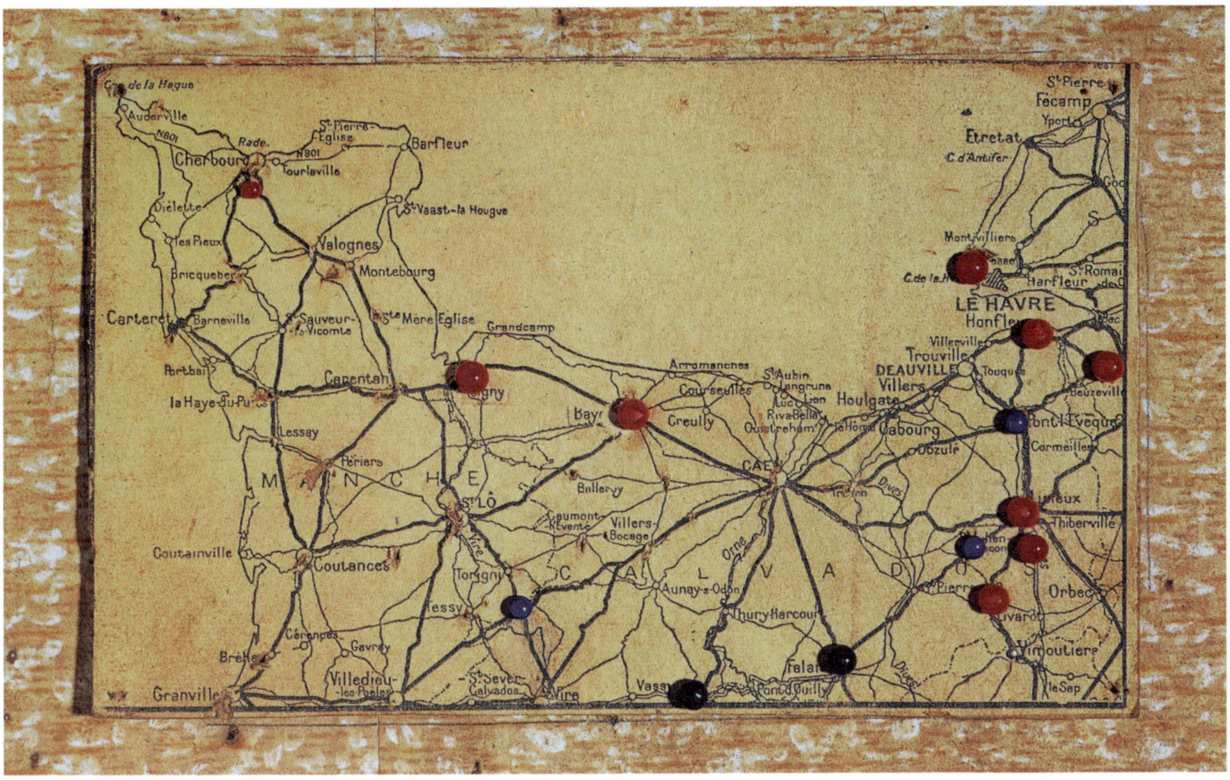

Après le débarquement des Alliés en France, le 6 Juin 1944, les clandestins matérialisent l'avancée des troupes en plaçant des punaises sur cette carte.

Soudain, d'en bas, ils entendent que l'on piétine et que l'on martèle. La bibliothèque pivotante qui cache la porte d'entrée de l'Annexe a été déplacée !

Edith et Margot voient Victor Kugler apparaître suivi de trois hommes. Arme au poing, ils entrent dans la chambre d'Otto, Edith et Margot Frank. L'un d'eux porte l'uniforme de la police allemande (SD). Edith pâlit et Margot se met à pleurer tout doucement. Anne et Fritz sortent de leur chambre. Les clandestins sont découverts !

Les deux autres hommes sont des agents néerlandais, en civil. Ils montent l'escalier et vont chercher les autres clandestins. « *Wo sind Ihre Wertsachen?* » (Où se trouvent vos objets de valeur ?) demande l'agent allemand. Otto Frank lui indique alors où se trouvent les objets de valeur. L'homme s'empare de la serviette en cuir d'Otto et la vide en la secouant. Anne y conserve ses écrits. Elle voit alors tous les papiers se répandre sur le sol. Son journal ! L'ensemble de son travail ! Mais l'agent allemand ne prête aucune attention au journal d'Anne et bourre la serviette de bijoux et d'argent.

« Faites vos paquets, ordonne-t-il et revenez tous ici dans cinq minutes... ». Les clandestins, désemparés, remplissent leur sac à dos. L'agent allemand jette un œil à la ronde et découvre une caisse grise de l'armée allemande au nom d'Otto et indiquant son grade : Lieutenant de réserve. « D'où tenez-vous cette caisse ? » demande-t-il. Otto répond : « J'ai été un officier dans l'armée allemande... ». L'agent n'en revient pas d'entendre qu'Otto Frank, juif, a combattu pendant la Première Guerre mondiale dans les rangs de l'armée allemande. Et en plus un officier !

Les deux hommes entrent en discussion. Otto raconte à l'agent, Karl Josef Silberbauer, qu'ils se cachent depuis plus de deux ans à l'Annexe. Silberbauer n'y croit pas. Alors Otto demande à Anne de se placer devant les marques griffonnées sur la tapisserie qui montrent combien elle a grandi. Silberbauer est alors obligé de reconnaître qu'elle a bien grandi à l'Annexe.

L'un des agents néerlandais demande qu'on envoie une grande voiture. Ils n'auraient jamais imaginé arrêter autant de clandestins, et les protecteurs Johannes

Après l'arrestation, les feuillets du journal d'Anne sont éparpillés sur le sol de l'Annexe. Miep Gies et Bep Voskuijl les ramassent.

Kleiman et Victor Kugler doivent aussi les suivre. Dès que la voiture arrive, ils descendent un à un l'escalier. Au bout de 761 jours passés à l'Annexe, Anne se retrouve enfin à l'air libre. Un beau jour d'été.

Les protectrices, Miep Gies et Bep Voskuijl, ne sont pas arrêtées. Au moment où les agents sont arrivés, Kleiman a immédiatement fait partir Bep, lui demandant de porter son portefeuille à une connaissance. Bep a quitté les lieux sans être inquiétée. Kleiman a dit à Miep de déclarer qu'elle n'avait jamais entendu parler des clandestins.

Les clandestins et les deux protecteurs montent dans une camionnette de police. Otto Frank est bouleversé : Kleiman et Kugler ont aussi été arrêtés. Tous ceux qui aident les Juifs sont punis très sévèrement. Kleiman sait le rassurer : « J'avais le choix et je ne le regrette pas. »

Ils sont conduits au quartier général de la police allemande où ils sont interrogés : ont-ils des adresses où se cachent d'autres clandestins ? Mais ce n'est pas le cas.

Le lendemain, on les conduit à la maison de détention, où les hommes et les femmes sont séparés les uns des autres. Les protecteurs sont également interrogés et conduits à une autre prison. Quelques jours plus tard, à l'aube, les clandestins sont amenés à la Gare centrale d'Amsterdam où un train les attend.

C'est un train normal de passagers, cependant toutes les portes des wagons seront verrouillées. Anne ne quitte pas la fenêtre. Pour la première fois depuis des années, elle quitte Amsterdam. Les champs de maïs moissonnés, les forêts verdoyantes et les petits villages défilent sous ses yeux. Quelques heures plus tard, le train arrive au camp de Westerbork, province de la Drenthe. Tous ceux qui ont été clandestins sont envoyés en « section disciplinaire ».

Les prisonniers de la « section disciplinaire » sont placés dans une partie séparée du camp. Ils sont surveillés de près, ne peuvent pas avoir de contact avec les autres prisonniers, n'ont pas le droit d'envoyer du courrier à leur famille et à leurs amis et ne reçoivent jamais de colis. Les hommes et les femmes, séparés les uns des autres, sont amenés à la baraque disciplinaire.

Des prisonniers juifs, avec leur bagage, à côté du train du camp de transit de Westerbork, 1943.

Photo du camp de transit de Westerbork. Plus de 107 000 prisonniers juifs ont été déportés en train vers les camps de concentration et d'extermination de l'Est. À peine 5 000 d'entre eux sont revenus après la guerre.

Ils doivent donner leurs vêtements et chaussures et reçoivent à la place des sabots et une combinaison bleue, comportant des pièces rouges à l'épaule. La combinaison comporte une étoile jaune où est écrit « Juif ». Les hommes reçoivent une casquette.

Plus de 4 000 prisonniers sont enfermés au camp de Westerbork. Tous les prisonniers doivent travailler. Entre autres, on leur fait trier les pièces d'avions qui se sont écrasés. Edith, Margot et Anne sont envoyées aux « piles ». Elles doivent démonter des piles usées, afin de pouvoir réutiliser certaines pièces. Elles travaillent dix heures, tous les jours. C'est un travail très salissant, car les piles contiennent une tige de carbone et du goudron qui noircissent et salissent les prisonnières et les font tousser. Unique et maigre consolation, elles peuvent se parler en travaillant.

Le soir, les hommes et les femmes sont autorisés à se rencontrer, Anne voit ainsi son père et Peter. Après être restés si longtemps à l'Annexe, les clandestins peuvent enfin parler à d'autres gens. On leur raconte les dernières nouvelles : le 25 août Paris est libéré par les alliés. Quand viendra le tour des Pays-Bas ? Les prisonniers savent tous que Westerbork n'est qu'un « camp de transit » : des trains remplis de prisonniers partent de Westerbork en direction de l'est de l'Europe. Les prisonniers disciplinaires sont, en général, les premiers à partir.

Le 2 septembre 1944, dans la baraque disciplinaire, le moment arrive de la lecture de la liste des noms des prisonniers sélectionnés pour le transport en train, du lendemain, en direction de l'est. La plupart des prisonniers disciplinaires sont sélectionnés, dont les huit clandestins de l'Annexe. Plus d'un millier d'hommes, de femmes et d'enfants juifs doivent se préparer à partir. Jeunes, vieux, malades, en bonne santé... peu importe, tous ceux de la liste partiront.

Le lendemain matin les prisonniers disciplinaires rendent casquettes, salopettes et sabots et reçoivent leurs effets personnels. En longues files, ils marchent vers l'immense train qui les attend. Cette fois ce n'est plus un train de passagers, mais un train pour transporter le bétail.

1942 – 1944

Partie de la liste des noms du transport du 3 septembre 1944 qui emportera Otto, Edith, Margot et Anne Frank. Les huit clandestins de l'Annexe partiront par le même transport pour Auschwitz, en Pologne occupée.

5 Judentransport aus den Niederlanden – Lager Westerbork
3. September Blatt 7
am Haeftlinge 194 .

301.	Engers	Isidor	30.4. 93	Kaufmann
302.	Engers	Leonard	13.6. 20	Landarbeiter
303.	Franco	Manfred	1.5. 05	Verleger
304.	Frank	Arthur	22.8. 81	Kaufmann
305.	Frank	Isaac	29.11.87	Installateur
306.	Frank	Margot	16.2. 26	ohne
307.	Frank	Otto	12.5. 89	Kaufmann
308.	Frank-Hollaender	Edith	16.1. 00	ohne
309.	Frank	Anneliese	12.6. 29	ohne
310.	v. Franck	Sara	27.4. 02	Typistin
311.	Franken	Abraham	16.5. 96	Landarbeiter
312.	Franken-Weyand	Johanna	24.12.96	Landbauer
313.	Franken	Hermann	12.5. 34	ohne
		Louis	10.8. 17	Gaertner
		Rosalina	29.3. 27	Landbau
		Alex	14.11.19	Dr.i.d.Oekonomie
	…lsha	Regina	11.12.19	Apoth.-ass.
		Elias	22.10.98	Schneider
		Max	20.8. 21	Schneider
	…eijl	Betty	25.3. 24	Naeherin
	…erkendam	Rozette	24.6. 98	Schriftstellerin
		Herman	22.6. 87	Hochschullehrer
		Henriette	26.4. 21	Typistin
		Rosa	15.3. 24	Haushalthilfe
		Isaac	10.3. 20	Korrespondent
	…lessche-drager	Fanny	24.1. 03	ohne
		Elie	24.10.03	Betriebleiter
	…en	Gesina	20.12.05	Maschinenstrickerin
		Kalman	6.3. 79	Diamantbearb.
		Klara	12.5. 13	Naeherin
		Paul	27.9. 08	Landbauer
		Abraham	9.11. 78	Metzger
	…e Jong	Reintje	22.10.81	ohne
		Alexander	27.8. 03	Kaufmann
	…isch-			
		Clara	12.4. 12	ohne
	…aphael	Hendrika	17.3. 77	ohne
		Henny	15.5. 18	Naeheirn
		Simon	19.5. 19	Landarbeiter
		Johanna	22.5. 10	Verkaeuferin
		Karel	25.8. 99	Kapellmeister
		Alexander	1.5. 69	ohne
	…rtog	Kaatje	29.9. 94	ohne
343.	Ginsberg	Arthur	24.3. 27	Baecker
344.	Ginsberg	Benjamin	7.9. 93	Kaufmann
345.	Ginsberg-Rosen	Rosa	10.6. 97	ohne
346.	Glowinski	Israel	3.5. 94	Stepper
347.	Glowinski-Streep	Sara	31.12.91	Naeherin
348.	Gobets	Izdok	6.3. 79	Diamantarb.
349.	Godschalk	Bernar	26.9. 15	Kaufmann
350.	Goldberg	Hans	6.6. 10	Pelzsortierer

Plaque du train qui faisait l'aller-retour entre Westerbork et Auschwitz. Il est aussi indiqué qu'aucun wagon ne peut rester à Auschwitz et que le train doit retourner en entier à Westerbork.

Dans chaque wagon, où l'on enferme environ soixante-dix prisonniers, deux barils ont été disposés : un baril d'eau potable et un baril vide qui fera office de toilettes. Otto, Edith, Margot et Anne se retrouvent dans le même wagon. La porte coulissante se referme et est verrouillée de l'extérieur. Les gardiens voyagent dans des wagons de passagers séparés.

Personne ne connaît la destination finale, personne ne sait combien de temps va durer le voyage. L'eau vient très vite à manquer et l'odeur des latrines devient insupportable. Chacun se tient l'un contre autre, épuisé, car le wagon est trop bondé pour que l'on puisse s'allonger. En chemin, le train s'arrête et les gardiens pillent les prisonniers. Ils sont obligés de leur donner leur argent et leurs bijoux.

Alors qu'ils traversent encore les Pays-Bas, dans un autre wagon, huit prisonniers préparent une évasion. Ils ont réussi à subtiliser une vrille et une scie de l'atelier du camp. Ils parviennent ainsi à faire un trou dans la paroi arrière de leur wagon. Puis, un par un, ils se laissent tomber du train en mouvement, sur les rails. Trois d'entre eux seront gravement blessés et hospitalisés. Finalement, sept d'entre eux, aidés par la résistance, survivront à la guerre. Le train poursuit son chemin.

Au bout d'un voyage de trois jours, le train s'immobilise brutalement en pleine nuit. Les portes coulissantes du wagon s'ouvrent. « *Aussteigen, schnell, Schneller !* » crient des hommes en tenues de prisonniers bleu gris à rayures et gourdin à la main. Ce sont les kapos, des prisonniers chargés d'encadrer les autres prisonniers dans les camps. « Laissez tous les bagages dans le wagon ». Sur la rampe, des soldats allemands, fouet à la main et accompagnés de chiens, attendent. Les clandestins sont arrivés au camp de concentration d'Auschwitz-Birkenau. Que va-t-il leur arriver ?

Au printemps 1944, les nazis font ce film de propagande montrant un train au départ de Westerbork. Ceci est une image du film. Cette petite fille s'appelle Settela Steinbach. Elle vient d'une famille Sinti. De Westerbork, 250 Sinté et Roms ont été déportés à Auschwitz. De la famille Steinbach, seul le père de Settela a survécu.

Un train où les prisonniers sont enfermés, prêt à quitter le camp de transit de Westerbork.

Chapitre 5

Le décès d'Anne

Sur la rampe d'Auschwitz-Birkenau, on sépare les hommes des femmes. Puis, tous doivent s'aligner par rangées de cinq. Les enfants de moins de quinze ans, garçons et filles, doivent rester avec leur mère. Un médecin nazi examine les nouveaux prisonniers, un par un, et les envoie du côté gauche ou du côté droit.

Edith, Margot, Anne et Auguste van Pels sont toutes les quatre envoyées du même côté. Ensuite, elles se rendent, avec les autres prisonnières, dans un bâtiment où on les fait attendre pendant des heures. On leur ordonne de donner le peu qui leur reste et de se déshabiller. Ensuite, on les enregistre en leur tatouant un matricule sur le bras.

Leurs cheveux sont tondus, puis vient le moment de la douche. Enfin, un peu d'eau à boire. Après la douche, les tenues de prisonnières étant épuisées, on leur jette à l'aveuglette des vêtements civils ordinaires et des chaussures. Des robes d'été légères ou des robes d'hiver en laine, deux chaussures du pied gauche, des chaussures usées à la corde, les gardiens n'y prêtent aucune attention. Elles découvrent alors leur baraque, un immense hangar, où sont alignées des paillasses superposées.

Et ce n'est que là qu'elles apprennent finalement l'insoutenable vérité. Tous les hommes, femmes et enfants juifs de leur train qui ont été envoyés de l'autre côté ont été immédiatement assassinés dans les chambres à gaz du camp. Les chambres à gaz sont de grandes pièces, disposant de petites ouvertures dans le plafond. Les nazis ont aménagé ces pièces pour faire croire aux prisonniers qu'il s'agit de salles de douche. Les gardiens jettent par les ouvertures du plafond des granules

Parmi les bagages de Juifs hongrois, les prisonniers cherchent des objets de valeur. Un soldat allemand fait l'inspection, Auschwitz, mai ou juin 1944.

Mères et enfants juifs en chemin vers la chambre à gaz, Auschwitz, mai ou juin 1944.

toxiques (du Zyklon B). Dès que les granules entrent en contact avec l'air, ils se transforment en gaz mortel. Et tous les gens qui sont enfermés dans la pièce meurent très vite. Les corps sont ensuite brûlés dans de grands fours : les fours crématoires.

Une section du camp d'Auschwitz-Birkenau est réservée aux nouveaux venus, pour leur inculquer les règles du camp. Pour surveiller ces nouveaux prisonniers, le commandement du camp emploie d'autres prisonniers. Ceux que l'on surnomme les « *kapos* » sont extrêmement sévères et frappent les codétenus de leur gourdin. Jour après jour, les prisonnières ramassent des mottes de terre et déplacent de lourdes pierres. Et pendant des heures, elles doivent répondre à l'appel : toutes alignées en rangs, elles sont comptées. Au camp, la nourriture est misérable : une vague soupe, un quignon de pain, parfois un peu de margarine ou de la saucisse et un café sans aucun goût.

De plus, le camp est totalement insalubre. Anne et Margot attrapent ainsi la gale, une maladie causée par un parasite qui provoque des boutons qui démangent énormément. Margot et Anne sont alors placées dans la « baraque des galeux ». Edith se donne alors beaucoup de mal pour les aider. La maladie étant très contagieuse, elle n'a pas le droit d'entrer dans cette baraque, alors elle creuse un trou dans le mur de la baraque. Par ce trou, elle peut passer un peu de pain à ses filles.

Au camp, les « sélections » s'enchaînent. Les sélections lors desquelles les médecins nazis envoient les femmes malades à la chambre à gaz, et les autres sélections, lors desquelles ces mêmes médecins choisissent les femmes encore aptes au travail, pour aller travailler en Allemagne nazie. Ces prisonnières sont alors déportées vers un autre camp. Fin octobre 1944 a lieu une sélection. Edith Frank doit rester à Auschwitz- Birkenau. Anne, Margot et Auguste van Pels sont sélectionnées pour un transport.

Après un voyage harassant de plusieurs jours, elles arrivent au camp de concentration de Bergen-Belsen, dans le nord de l'Allemagne nazie. Mais il n'y a plus assez de place pour tant de prisonnières. Alors on les installe dans de grandes tentes qui seront démolies quelques jours plus tard par une violente tempête. Elles rejoignent

Section du camp de concentration de Bergen-Belsen, après sa libération. Les bâtiments en bois sont les baraques.

Prisonniers juifs, après leur enregistrement, Auschwitz, mai ou juin 1944.

Une baraque du camp de Bergen-Belsen.

alors les baraques surpeuplées où s'entassent des centaines de femmes.

Bergen-Belsen se compose de différentes sections séparées par des fils barbelés. Du haut de leur mirador, des soldats armés surveillent tous les prisonniers. Les prisonniers n'ont pas le droit d'approcher les fils barbelés, mais dès la tombée de la nuit, ils s'y essaient dans l'espoir d'apprendre que leur famille ou peut-être des amis sont arrivés au camp.

La section du « Camp de l'Étoile » est réservée à des Juifs que les nazis souhaitaient échanger avec les alliés contre des prisonniers de guerre allemands. L'une des détenues de cette section est une amie d'Anne : Hannah Goslar. Hannah apprend soudain qu'Anne est à Bergen-Belsen. Elle n'y comprend rien, Anne s'était pourtant réfugiée en Suisse ?

Un soir, Hannah arrive à échanger quelques mots avec Anne. Pleurant chacune de leur côté des barbelés, elles ne peuvent pas se voir. Anne annonce que ses parents sont tous deux décédés et qu'elle n'a presque rien à manger. Hannah rassemble alors un peu de nourriture et quelques vêtements et en fait un paquet qu'elle apporte la fois suivante. Elle le lance au-dessus des fils barbelés. Mais soudain, elle entend les cris d'Anne retentir. Une autre détenue a attrapé le baluchon et s'est enfuie. Plus tard, Hannah fait une nouvelle tentative. Par bonheur, Anne attrape le baluchon. Elles se rencontrent encore à quelques reprises, jusqu'au moment où Anne et Margot sont déplacées vers une autre section du camp.

Nannie Blitz, également une ex-camarade de classe du Lycée juif, rencontre elle aussi Anne à Bergen-Belsen. Anne est d'une maigreur extrême, elle est couverte de poux et, comme seul vêtement, s'est enroulée dans une couverture. Anne lui raconte sa période passée dans la clandestinité, la trahison et son arrivée à Bergen-Belsen, après être passée par le camp d'Auschwitz.

Anne et Nannie essaient de se voir aussi souvent que possible, jusqu'à ce qu'Anne développe le typhus, comme Margot. Cette maladie contagieuse transmise par les poux, dont souffrent des milliers de prisonniers du camp et qui donne beaucoup de fièvre, déclenche des éruptions cutanées,

Prisonnières libérées, camp de Bergen-Belsen, avril 1945.

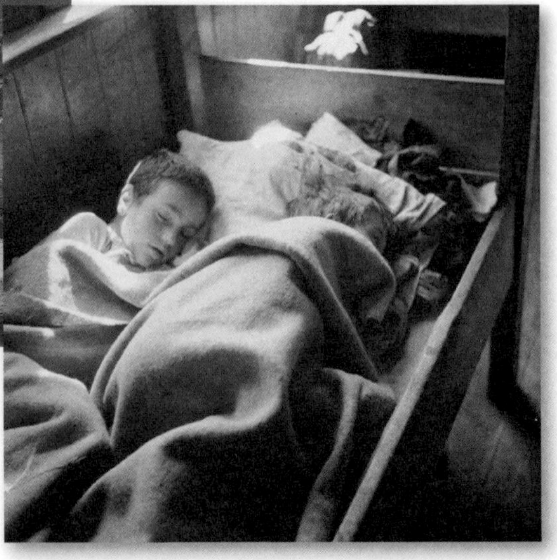

Deux enfants juifs après leur libération, camp de Bergen-Belsen. Ils souffrent du typhus, mais ils viennent de prendre un bain et ont reçu des vêtements propres.

des maux de tête et des vomissements continuels.

Rachel van Amerongen, détenue elle aussi au camp de Bergen-Belsen, se souvient de Margot et d'Anne. Après la guerre, elle raconte que le typhus avait totalement anéanti Anne et Margot. Dans leur baraque, elles étaient toutes les deux transies de froid, car elles se trouvaient juste à côté de la porte. Margot fut la première à s'éteindre, suivie quelques jours plus tard d'Anne, en février 1945.

Le même mois, Auguste van Pels est déportée de Bergen-Belsen à Raguhn. Plus de 500 prisonnières sont sélectionnées pour aller travailler dans une fabrique de pièces pour avions. En avril 1945, les troupes américaines s'approchent si près du camp de Raguhn que le commandement du camp en ordonne l'évacuation immédiate. Toutes les prisonnières sont déportées par train, sans nourriture ni eau, vers le camp de concentration de Theresienstadt. Beaucoup ne survivront pas à ce transport, dont Auguste van Pels.

Mais quel fut le sort des hommes de l'Annexe ? Après leur arrivée à Auschwitz, Otto Frank, Hermann et Peter van Pels et Fritz Pfeffer sont affectés à l'usine de gravier se trouvant à l'extérieur du camp. Ils remplissent éternellement des chariots de gravier. Lors de ce travail de force, Hermann van Pels se blesse à la main. Le lendemain, il doit rester à la baraque. Mais lors du contrôle, il est sélectionné par un médecin nazi. Otto et Peter van Pels le voient alors s'éloigner, au milieu d'un groupe d'hommes sélectionnés.
Début octobre 1944, Hermann van Pels est assassiné dans l'une des chambres à gaz.

Lors d'une autre sélection, Fritz Pfeffer est envoyé en déportation. En novembre, il arrive au camp de concentration de Neuengamme, à côté de Hamburg. Le travail y est harassant et les prisonniers reçoivent à peine de quoi se nourrir. Fritz Pfeffer décède d'épuisement le 20 décembre 1944. Peter van Pels est affecté à la réception de la poste du camp d'Auschwitz. Quelques prisonniers ont l'autorisation de recevoir du courrier et des colis. Parfois, les colis contiennent un peu de nourriture que Peter arrive à soustraire. Il partage ensuite ce qui reste avec Otto Frank.

Le prisonnier anglais, le soldat Louis Bonerguer, parle à un soldat britannique qui vient de libérer le camp de Bergen-Belsen, avril 1945. En 1941, le parachutiste Bonerguer est arrêté par des soldats allemands dans les territoires occupés et fait prisonnier à Bergen-Belsen.

Survivants du camp de Bergen-Belsen, à côté d'un énorme tas de chaussures, en avril 1945. Au camp de concentration de Bergen-Belsen, des prisonniers devaient trier parmi les vieilles chaussures, celles qui pouvaient encore être portées.

En janvier 1945, les soldats de l'armée russe s'approchent si près d'Auschwitz-Birkenau que le commandement du camp décide d'évacuer le camp au plus vite. Mais avant de partir, les nazis prennent soin de détruire le plus de documents possible et de faire exploser les chambres à gaz et les fours crématoires. Les prisonniers qui peuvent encore marcher doivent suivre les gardes. Peter van Pels en fait partie. Otto Frank, beaucoup trop affaibli, se trouve depuis des semaines à l'infirmerie.
Il tente de convaincre Peter de se cacher, mais Peter décide de partir. Peter est convaincu de survivre à cette marche. Otto craint terriblement que les gardiens viennent mitrailler les malades, mais l'avancée rapide des troupes russes pousse à une évacuation en hâte.

Après une marche dans des conditions atroces, Peter arrive au camp de concentration de Mauthausen. Il est envoyé à l'autre camp de la région : Melk. Les prisonniers y travaillent à la construction d'une usine souterraine de pièces de char et d'avion. Ils doivent creuser des tranchées, transporter du sable, fabriquer des madriers pour consolider les tunnels et charger et décharger des matériaux de construction.Le danger guette en permanence et les accidents sont fréquents. Les prisonniers sont en haillons et, parfois, ne portent même pas de chaussures. On leur donne à peine de quoi manger, vers la fin, même le pain est épuisé. Là encore, les soldats de l'armée russe s'approchent si près que le commandement décide d'évacuer le camp de Melk au plus vite. Peter est malade. Il retourne à Mauthausen, où il est placé à l'infirmerie.

L'infirmerie déborde de malades et les médicaments sont épuisés. Parfois, les prisonniers sont à quatre dans le même lit.

Le 5 mai, le camp de Mauthausen est libéré, mais c'est déjà trop tard pour Peter. Très malade, et dans un état de faiblesse extrême, il s'éteint quelques jours plus tard, le 10 mai 1945.

Pour Otto Frank, la libération arrive juste à temps. Le 27 janvier 1945, les troupes russes entrent dans le camp de concentration d'Auschwitz. Ils y découvrent près de 7 000 prisonniers encore vivants, dont Otto Frank. Après sa libération, il écrit que sa survie tient du miracle.

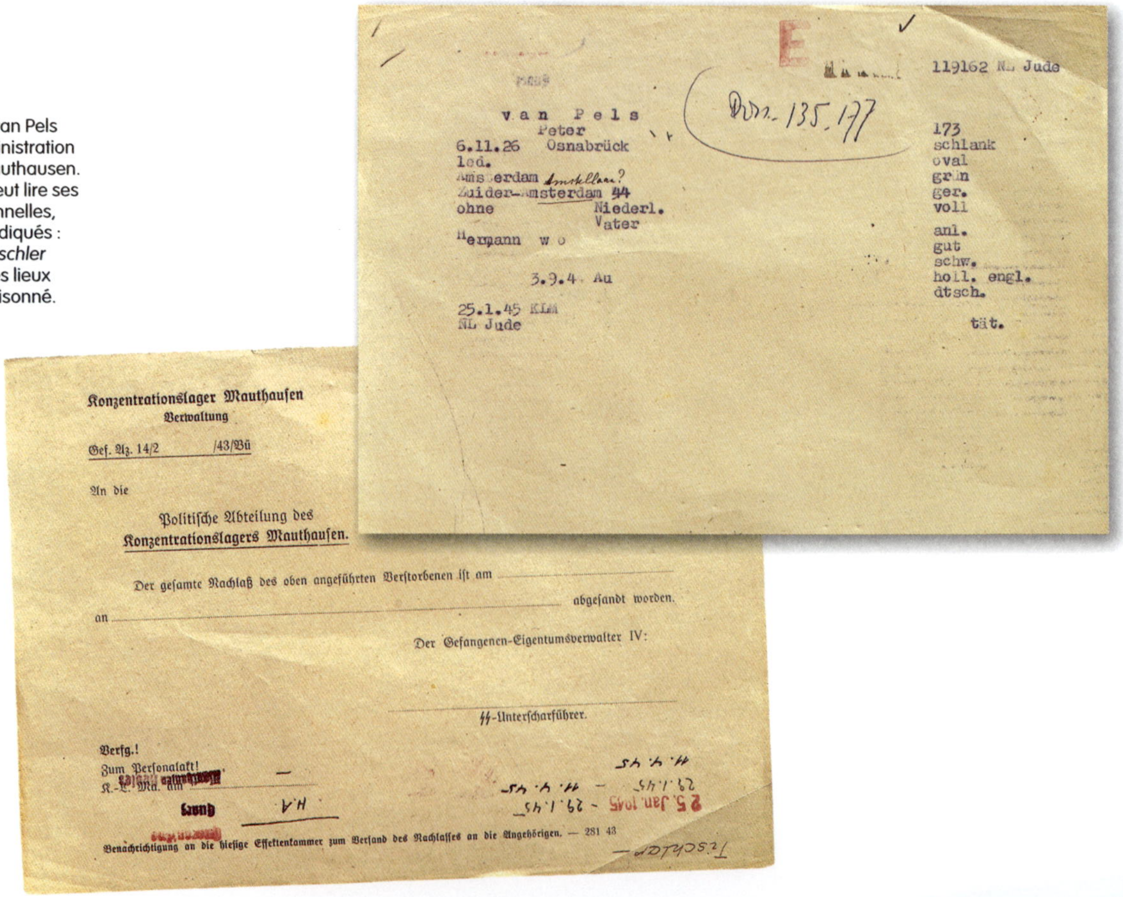
E 119162 NL Jude

van Pels
Peter
6.11.26 Osnabrück
led.
Amsterdam
Zuider-Amsterdam 44
ohne Niederl.
Vater
Hermann w o

3.9.4 Au

25.1.45 KLM
NL Jude

173
schlank
oval
grün
ger.
voll
anl.
gut
schw.
holl. engl.
dtsch.
tät.

Konzentrationslager Mauthausen
Verwaltung
Gef. Az. 14/2 /43/Bü

An die
Politische Abteilung des
Konzentrationslagers Mauthausen.

Der gesamte Nachlaß des oben angeführten Verstorbenen ist am ____ an ____ abgesandt worden.

Der Gefangenen-Eigentumsverwalter IV:

SS-Unterscharführer.

Verfg.!
Zum Personalakt!
K.-L. Md. am

25. Jan. 1945

Benachrichtigung an die hiesige Effektenkammer zum Versand des Nachlasses an die Angehörigen. — 281 43

Carte de Peter van Pels issue par l'administration du camp de Mauthausen. Côté face, on peut lire ses données personnelles, côté pile sont indiqués : sa profession *Tischler* (menuisier) et les lieux où il a été emprisonné.

Chapitre 6

Le retour d'Otto et le Journal d'Anne Frank

Dès sa libération, Otto Frank veut savoir : Edith, Margot et Anne sont-elles encore en vie? Où sont-elles ? Depuis qu'ils ont été séparés sur la rampe du camp d'Auschwitz-Birkenau, il ne les a pas revues. Tout doucement, Otto reprend des forces. Dès que son état le lui permet, il veut se mettre en route pour les Pays-Bas. Mais c'est impossible, car des combats éclatent encore dans de nombreux pays.

Ce n'est qu'en mars 1945 qu'Otto Frank, avec plus de 800 autres survivants, se rend à Odessa (en URSS). En chemin, il rencontre Rosa de Winter, qui était aussi détenue à Auschwitz. Elle lui apprend le décès d'Edith au camp d'Auschwitz et la déportation de Margot et d'Anne. Mais elle ne sait pas où elles ont été envoyées.

À Odessa, au bord de la mer Noire, les survivants du camp attendront pendant plus d'un mois le premier navire appareillant pour les Pays-Bas, prêt à les embarquer. C'est à Odessa qu'ils apprennent la capitulation de l'Allemagne nazie et la libération des Pays-Bas ! Le 21 mai, ils embarquent sur le *Monowai*, un navire qui fait route vers Marseille, en France. De Marseille, Otto se rend par les terres à Amsterdam. Le trajet

1945->

« Hitler mort » en une de la publication *The Stars and Stripes*, journal destiné aux militaires américains, le 2 mai 1945.

EXTRA THE STARS AND STRIPES EXTRA

HITLER DEAD

Fuehrer Fell at CP, German Radio Says; Doenitz at Helm, Vows War Will Continue

Churchill Hints Peace Is at Hand

Le 27 janvier 1945, les soldats russes libèrent le camp de concentration et d'extermination d'Auschwitz. Otto est à l'infirmerie. Il ne pèse plus que 50 kilos.

est interminable, les moyens de transport sont rares; de plus, aux Pays-Bas des ponts ont été détruits. Le 3 juillet, il arrive enfin à Amsterdam.

Il se rend immédiatement chez Jan et Miep Gies qui sont fous de joie de le revoir, mais pleurent aussi amèrement le décès d'Edith. Ils lui annoncent que Johannes Kleiman et Victor Kugler ont également survécu. Tous espèrent le retour de Margot et d'Anne. Le 12 juin, le jour des 16 ans d'Anne, Otto ne cesse de penser à elle. Est-elle encore en vie ? Et Margot ?

Otto se rend régulièrement à la Gare centrale d'Amsterdam pour rencontrer les survivants qui arrivent et leur demander des nouvelles de Margot et d'Anne. Il consulte aussi les listes de la Croix-Rouge. Sur ces listes, les survivants indiquent d'une petite croix les personnes qui sont décédées. Un jour, il découvre des petites croix derrière les noms d'Anne et de Margot. Otto cherche alors l'auteur de ces petites croix. Ce sont les sœurs Janny et Lientje Brilleslijper. Elles aussi étaient détenues à Bergen-Belsen; elles lui annoncent que Margot et Anne ont succombé au typhus.

Otto est inconsolable. Non seulement son épouse, mais également ses enfants ont disparu à jamais. Dès que Miep apprend la nouvelle du décès de Margot et d'Anne, elle va à son bureau : dans l'un des tiroirs, elle a conservé les feuillets des journaux d'Anne. Miep et Bep les avaient ramassés sur le sol, à l'Annexe, après l'arrestation. Miep espérait tellement pouvoir les rendre à Anne après la guerre. Elle remet alors tous les documents au père d'Anne.

Otto, aveuglé par son immense chagrin, est incapable d'en lire la moindre ligne. Un mois plus tard pourtant, il se lance dans la lecture, sans pouvoir s'arrêter. Il découvre brutalement l'autre facette d'Anne : le côté sérieux de sa fille. La vie à l'Annexe est décrite dans les moindres détails, et les pointes d'humour sont délicieuses. Il avait presque tout oublié.

Sans attendre, il tape une partie des textes à la machine, pour la famille et les amis. Que va-t-il faire de ces documents ?
Anne souhaitait publier un livre intitulé *Het Achterhuis* (« l'Annexe »), après la guerre. Otto met alors tout en œuvre pour réaliser le souhait de sa fille et il concocte

Otto (au centre), quelques mois après son retour d'Auschwitz, entouré des protecteurs qui travaillaient au bureau. De gauche à droite : Miep Gies, Johannes Kleiman, Victor Kugler et Bep Voskuijl, 1945.

Otto Frank et Fritzi Frank, le jour de leur mariage, 10 novembre 1953. De gauche à droite : Jan Gies, Johannes Kleiman, Fritzi Frank, Otto Frank, Johanna Kleiman et Miep Gies.

un livre à partir des textes. Mais aucun éditeur ne semble vouloir de ce livre. Aux Pays-Bas, tout le monde veut oublier la guerre. On veut aller de l'avant et oublier le plus vite possible les drames.

Par l'intermédiaire d'un ami, le manuscrit se retrouve entre les mains de Jan et Annie Romein, deux historiens célèbres. Jan Romein se plonge dans le journal qu'il lit d'une traite et qui le bouleverse. En première page du journal *Het Parool* il publie un article des plus élogieux sur L'Annexe. « Quand j'ai refermé le manuscrit, la nuit était tombée et je fus surpris de voir la lumière encore allumée, d'avoir encore du pain et du thé, de ne plus entendre les avions gronder, ni le bruit des bottes dans la rue. La lecture m'avait captivé et renvoyé au monde irréel, un an en arrière. »

Très vite, les Éditions Contact donnent rendez-vous à Otto Frank. Les éditeurs veulent publier le journal d'Anne. En 1947, deux ans après la guerre, *Het Achterhuis* (*Le Journal d'Anne Frank*) voit le jour. Annie Romein prend soin de rédiger la préface. La première édition sera publiée à 3 000 exemplaires. À peine un an plus tard paraissent les traductions en allemand, en français et en anglais.

La préface de l'édition américaine est rédigée par Eleanor Roosevelt, l'épouse du président américain. Elle écrit : « Ce livre est remarquable. Écrit par une jeune fille - et les jeunes n'ont pas peur de dire la vérité - c'est l'un des récits sur la guerre et sur son retentissement sur les gens le plus sage et le plus émouvant que j'aie jamais lus. »
Aux États-Unis, *Le Journal d'Anne Frank* devient une pièce de théâtre et plus tard un film, faisant de ce livre une œuvre mondialement célèbre.

Otto Frank doit finalement se résoudre à quitter Amsterdam, car à chaque fois qu'il aperçoit l'Annexe, les souvenirs l'assaillent. « La simple vue de l'Annexe m'est devenue insupportable », dit-il dans une interview. En 1952, il s'installe à Bâle (en Suisse), où vivent encore sa mère et sa sœur Leni avec sa famille. Un an plus tard, Otto Frank épouse Fritzi Geiringer qui a survécu, avec sa fille Eva, au camp d'Auschwitz.

Otto Frank consacre alors le reste de ses jours au *Journal d'Anne Frank*. De plus en

En 1954, le bâtiment de Prinsengracht 263 devait être démoli. Grâce à une collecte de fonds, le bâtiment côté rue et l'Annexe ont pu être sauvés de la démolition. Rob Witsel et Hans Meenke (à droite) passent la nuit à l'Annexe pour s'assurer que personne ne vienne vandaliser ou voler des objets. Finalement, l'ensemble du bâtiment, côté rue et côté jardin, est restauré. Le 3 mai 1960, la Maison Anne Frank ouvre ses portes.

Otto Frank, dans le grenier de l'Annexe, quelques heures avant l'ouverture officielle de la Maison Anne Frank.

plus de gens veulent visiter le lieu où Anne à écrit son journal. Des collectes d'argent sont organisées afin de conserver la cachette en l'état et de l'ouvrir au public. Le 3 mai 1960, la Maison Anne Frank ouvre ses portes. La cachette devient alors un musée. Otto Frank est bien entendu présent à l'ouverture. Ému aux larmes, il dit : « Pardonnez-moi d'être incapable de parler, mais penser à ce qui s'est passé ici me démolit. » Puis, il remercie chacun de leur soutien apporté, en quelques mots, mais d'une grande puissance.

Otto et sa seconde épouse Fritzi sont inondés de courrier venant du monde entier, adressé par des lecteurs bouleversés par la lecture du journal. Ils correspondent avec certains d'entre eux pendant des années, à tel point qu'ils deviennent amis. Otto estime qu'Anne l'a chargé d'une mission : il doit lutter pour la réconciliation et pour les droits de l'homme. En effet, toute sa vie il luttera contre la discrimination et les préjugés, ce que tout le monde devrait faire, selon lui. Peu avant son décès, en 1980, il écrit : « Les jeunes, surtout, aimeraient savoir comment ces événements terribles ont pu avoir lieu. Je fais de mon mieux pour leur fournir une réponse. À la fin, j'écris souvent : « J'espère avant tout que le livre d'Anne se répercutera dans ta vie future, pour qu'autant que possible, autour de toi, tu œuvres pour le rapprochement et la paix. »

Conférence pour la jeunesse à la Maison Anne Frank, 1968. Otto veut rassembler tous les jeunes du monde à Amsterdam, pour qu'ils assistent à des conférences et à des cours portant sur des sujets d'actualité tels que la guerre, le racisme et la discrimination. Il espère que ces discussions entre les jeunes favoriseront la liberté, la démocratie et l'égalité des droits.

Otto et Fritzi Frank, avec Eva et ses enfants, à Bâle, 1967.

Le premier étage

Au premier étage, juste sous la cachette, se trouvent la cuisine de l'entreprise et le bureau d'Otto Frank. Le week-end, certains des clandestins vont à la cuisine pour se baigner dans une cuvette. C'est le seul endroit du bâtiment équipé d'un robinet d'eau chaude.

La cuisine du bureau, 1954.

Le troisième étage

La famille Van Pels est installée au troisième étage de l'Annexe. Peter est le seul à pouvoir disposer d'une pièce pour lui seul. La chambre d'Auguste et de Hermann van Pels fait aussi office de cuisine et de salle à manger pour les huit clandestins. En 1943, pendant l'été, une radio y est installée. Le soir et le week-end, les clandestins peuvent alors écouter les nouvelles ou encore de la musique.

La cuisine de l'Annexe, 1954.

Comment les protecteurs faisaient-ils pour trouver la nourriture et le nécessaire pour les clandestins ?

Nourriture, boissons, vêtements, livres et tout le nécessaire ne venaient que des protecteurs. Quatre d'entre eux travaillent dans les bureaux donnant sur la rue, et font tourner l'entreprise d'Otto Frank. Miep Gies et Bep Voskuijl se chargent des courses quotidiennes. « Miep est toujours chargée comme un bourriquet », écrit Anne dans son journal. Johannes Kleiman et Victor Kugler dirigent l'entreprise et viennent en aide au moindre problème qui se joue à l'Annexe. Par exemple, quand une invasion de puces se déclare à l'Annexe, Johannes Kleiman asperge les lieux de poudre anti-puces. De temps en temps, Kleiman apporte certains livres de sa fille, pour les prêter à Anne. Victor Kugler est chargé des comptes de l'entreprise. Une partie du revenu de l'entreprise n'est pas inscrite dans les livres de comptabilité, afin de pouvoir utiliser l'argent pour les courses destinées aux clandestins. Jan Gies, le mari de Miep, ne travaille pas à l'entreprise, mais il aide également les clandestins. Il fait partie de la résistance et arrive ainsi à se procurer des tickets de rationnement. Ces tickets sont indispensables pour acheter de la nourriture et autres produits devenus rares pendant la guerre.

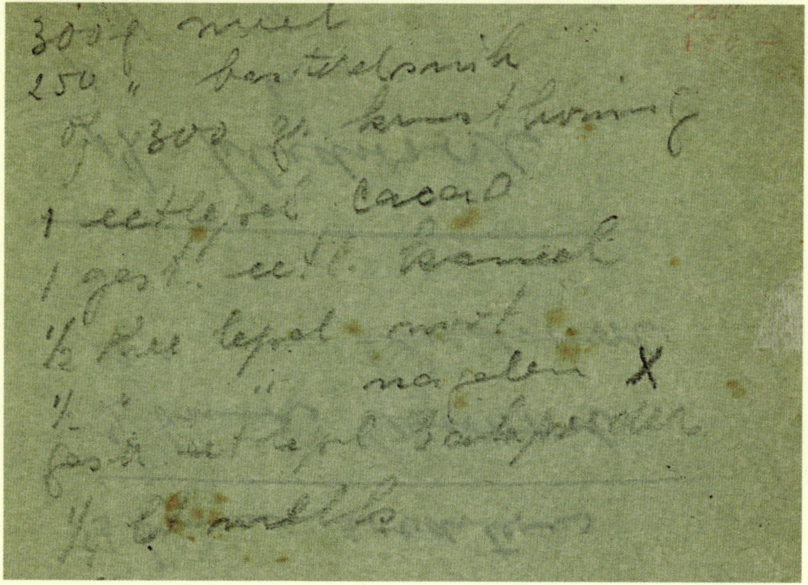

Après la guerre, Miep Gies découvre dans la poche de son manteau, une liste de courses pour le boucher, écrite par Hermann van Pels. Au dos de la liste, Miep a noté une recette de gâteau.

Les photos de la chambre d'Anne

Quand elle arrive à l'Annexe, Anne trouve sa chambre triste et froide. Elle en couvre alors les murs d'images, de cartes postales et d'affiches publicitaires d'Opekta, le produit de l'entreprise de son père. Anne rêve de devenir star de cinéma à Hollywood. Ainsi, des photos de stars viennent recouvrir un mur entier de sa chambre. Mais en grandissant, ses centres d'intérêt évoluent et elle trouve que certaines photos témoignent de puérilité. Plus tard, elle veut faire des études d'histoire de l'art, afin de devenir journaliste ou écrivain. Alors, sur les premières photos, elle colle celles d'œuvres de Léonard de Vinci et de Rembrandt.

L'un des murs qu'Anne avait couvert de photos. À droite, on aperçoit également une affiche publicitaire d'Opekta.

Au cours d'une restauration, on a découvert une autre photo sous celle d'une sculpture de Michel-Ange.

Anne avait collé la photo d'une œuvre de Michel-Ange sur celle de Rosemary et Priscilla Lane, deux célèbres stars d'Hollywood de l'époque.

Anne Frank vit-elle dans la peur à l'Annexe ?

À l'Annexe, Anne a constamment peur d'être découverte. Elle décrit cette peur dans son journal : « Selon les jours, nous arrivons à rire du comique de notre situation, mais la plupart du temps, nous vivons dans la peur et l'angoisse, la tension et le désespoir se lisent sur notre visage. » Anne a surtout très peur des combats aériens, des avions qui s'écrasent et des bombes. En cas d'incendie, les clandestins n'ont aucune issue. Parfois, les bombes explosent non loin de chez eux. En juillet 1943, une usine d'Amsterdam-Nord est prise pour cible par les bombardiers alliés. Tremblant de peur, les clandestins ne peuvent que se résoudre à attendre. L'usine n'est pas touchée, mais les bombes détruisent le quartier résidentiel alentour. Plus de 200 personnes perdent la vie. En mars 1944, les alliés bombardent le port d'IJmuiden. Le grondement se fait entendre jusqu'à Amsterdam.

Les avions alliés bombardent les usines et les ports d'IJmuiden, le 26 mars 1944.

Une partie des habitations d'Amsterdam-Nord, détruites, après le bombardement du 17 juillet 1943.

Les clandestins trouvent-ils le temps long ?

Anne écrit dans son journal que c'est surtout le dimanche qui est pénible. Le dimanche, personne ne travaille à l'entreprise, les protecteurs ne montent donc pas les voir. Les clandestins essaient tant bien que mal de passer le temps. Ils s'adonnent aux tâches ménagères : la cuisine, la vaisselle, le ménage, mais ils passent aussi beaucoup de temps à lire et à étudier. Les parents d'Anne ont apporté des manuels scolaires pour Margot et Anne, à l'Annexe. Les protecteurs leur fournissent régulièrement des livres, des journaux et des magazines, et Bep Voskuijl s'est inscrite, à son nom, à des cours par correspondance que suivent Margot et Fritz Pfeffer. Le soir et le week-end, Margot et Anne aident parfois aux travaux de bureau.

Cissy van Marxveldt, l'auteur des aventures de « Joop ter Heul », est l'écrivain préféré d'Anne. Anne lit et relit cette série jusqu'à user les livres. C'est finalement à Kitty, l'une des amies de l'héroïne, qu'Anne adresse la plupart des lettres de son journal.

Le 12 juin 1943, Anne fête pour la première fois son anniversaire dans la clandestinité. Elle a quatorze ans. On lui offre un livre passionnant sur la mythologie grecque et romaine.

« À l'école, nous ne faisons presque plus rien... »

Dessin d'Anne Frank. Elle a écrit son nom et l'enseignante a probablement ajouté la date : 20 juin 1941. Anne raconte avec force détails, dans une lettre adressée à sa grand-mère Frank qui se trouve en Suisse : « À l'école, nous ne faisons presque plus rien. Dans la matinée, nous dessinons un peu et l'après-midi, nous allons au jardin pour y attraper des mouches ou cueillir des fleurs. » L'école d'Anne dispose d'un grand jardin entretenu par les élèves.

Plus d'une centaine de mesures anti-juives

Aux Pays-Bas également, les nazis imposent de plus en plus de mesures afin d'exclure les Juifs. Dès les premières années d'occupation, on compte une centaine de mesures anti-juives. En voici quelques exemples :

- Tous les fonctionnaires juifs sont licenciés.
- Les Juifs n'ont plus le droit de posséder d'entreprise.
- Les Juifs n'ont plus le droit de rendre visite aux non-Juifs et vice versa.
- Les Juifs ne peuvent pas posséder plus de 110 Florins et doivent donner le reste de leur argent.
- Les Juifs n'ont plus le droit d'être membres de clubs (de sport) ayant des membres non-Juifs.
- Les Juifs doivent faire leurs courses dans l'après-midi, entre trois et cinq heures.
- Les transports et lieux publics, comme les piscines et les parcs, sont interdits aux Juifs.
- Les élèves juifs doivent fréquenter les écoles juives.
- Les Juifs ont besoin d'un permis pour voyager ou pour déménager.
- Dès qu'ils ont atteint l'âge de six ans, tous les Juifs doivent porter l'étoile de David.

À partir de septembre 1941, les pancartes indiquant « Interdit aux Juifs » ou « Juifs non souhaités », apparaissent dans de multiples endroits.

Pancarte indiquant « Interdit aux Juifs » sur la plage de Zandvoort, printemps 1941.

Combattre pour l'Allemagne nazie

En août 1941, un train bondé d'hommes néerlandais prend le départ à La Haye, en direction de l'est. Ils se sont enrôlés volontairement dans l'armée allemande pour lutter contre les Russes. Le 22 juin 1941, l'Allemagne nazie a attaqué l'URSS (Russie) et ces volontaires néerlandais sont les bienvenus sur le front de l'est. Les familles et les amis leur font de chaleureux adieux et les soldats néerlandais répondent par le salut nazi. Le train est couvert de graffitis écrits à la craie : « En route pour le repère des Juifs » (la Russie compte une communauté juive relativement importante), « Nous allons capturer Staline » et une potence comporte le texte suivant « C'est ici que nous pendrons Staline » (Staline est le chef d'État de l'URSS). On aperçoit également un V de victoire et une croix gammée. L'un de ces hommes brandit avec fierté le livre *Mein Kampf* (Mon combat) écrit par Hitler. Chaque volontaire en a reçu un exemplaire. Plus de 25 000 Néerlandais s'enrôlent dans l'armée allemande, 7 000 d'entre eux y trouveront la mort.

La Guerre mondiale

Le 7 décembre 1941, des avions japonais bombardent des navires de guerre américains mouillant à Pearl Harbor, à Hawaï, en plein milieu de l'océan Pacifique. À l'instar de l'Allemagne en Europe, le Japon veut étendre sa puissance en Asie de l'est. Immédiatement après cette attaque, les États-Unis déclarent la guerre au Japon et à son alliée, l'Allemagne nazie. Ainsi la guerre qui touchait jusqu'à présent l'Europe devient une guerre mondiale, rassemblant d'une part les « puissances de l'Axe » (Allemagne nazie, Italie et Japon) et d'autre part les « Alliés » (États-Unis, Canada, Royaume-Uni, France, URSS, Chine et leurs alliés). Les combats font rage en Europe, mais aussi en Asie, entraînant des millions de victimes. Plus d'un mois après l'attaque de Pearl Harbor, le 11 janvier 1942, les soldats japonais envahissent les Indes orientales néerlandaises (devenues de nos jours l'Indonésie). Le Japon occupe la colonie hollandaise, les citoyens néerlandais blancs sont emprisonnés dans des quartiers fermés baptisés : *Jappenkampen* (les camps de prisonniers japonais).

Des navires de la marine américaine en feu, à Pearl Harbor, 7 décembre 1941.

« Elle vint se jeter dans mes bras. »

« Je n'avais que quatre ans quand nous avons déménagé à Amsterdam. Dès la première semaine, à l'épicerie, j'ai aperçu Anne Frank. Quelques jours plus tard, ma mère m'a amenée à la maternelle. Je ne voulais pas y aller, car je ne connaissais personne et je ne parlais pas la langue. Mais soudain, je vis Anne... Elle faisait tinter des clochettes en métal. Dès qu'elle s'arrêta, elle se tourna vers moi et vint se jeter dans mes bras. C'est ainsi que nous sommes devenues amies. Et nos parents se lièrent également d'amitié. »

Hannah Goslar
Source : *Anne Frank Krant*, Maison Anne Frank, 2015.

Anne et Hannah à la maternelle, juin 1935.

« »

Amours interdites

Sous le commandement de membres de la SA (Section d'assaut), Julius Wolff qui est Juif et sa fiancée, Christine Neemann, qui n'est pas juive, sont traînés à travers les rues de Norden, une ville allemande. Nous sommes le lundi 22 juillet 1935. Des centaines de badauds les regardent passer. Christine et Julius arborent tous deux un écriteau. Sur l'écriteau de Julius est écrit : « Je profane la race », sur celui de Christine est écrit : « Je suis allemande et je me suis laissée profaner par un Juif ». Les nazis interdisent les relations amoureuses entre les Juifs et les non-Juifs. Les nazis frappent violemment Christine et Julius, puis les jettent en prison. Christine est envoyée dans un camp de concentration. Après avoir promis de mettre fin à sa relation avec Julius, elle est libérée. Julius Wolff est envoyé dans un autre camp de concentration. Il sera également libéré plus tard et pourra fuir aux États-Unis.

Cette photo a été prise par le pharmacien de Norden, membre du parti nazi et de la SA. Il prend de multiples photos et les expose dans sa vitrine. De plus, ces photos sont publiées dans un journal. Ce qui se déroule à Norden se produit également dans de nombreuses autres villes allemandes. À partir de septembre 1935, les relations amoureuses et les mariages entre Juifs et non-Juifs sont interdits par la loi en Allemagne nazie.

Les nazis néerlandais

Le 16 mai 1940, des nazis néerlandais adressent un salut nazi à des soldats allemands. Ils se tiennent sur le pont Berlage à Amsterdam. Dès 1931, aux Pays-Bas, un parti politique sympathisant avec les idées nazies voit le jour : le Mouvement socialiste national (NSB). Ce parti est dirigé par Anton Mussert. En 1935, le parti NSB obtient presque 8 % des suffrages aux élections. En 1943, le NSB enregistre le nombre record de plus de 100 000 membres. Leur collaboration avec l'occupant allemand déclenche la haine chez de nombreux Néerlandais. À l'instar du parti nazi, le parti NSB possède une section pour les jeunes, le *Jeugdstorm* et son escadron paramilitaire : le *Weerafdeling* (WA).

La grève de février

Au cours de l'hiver 1940-1941, l'atmosphère aux Pays-Bas occupés se détériore. Les nazis néerlandais attaquent les Juifs et détruisent leurs biens. Dans les rues et les cafés, les bagarres éclatent entre les Juifs et les membres du WA. À la suite d'une bagarre ayant eu lieu à Amsterdam, un homme du WA est grièvement blessé et finit par décéder. La situation reste tendue. En représailles, l'occupant allemand organise une rafle au cours de laquelle plus de 400 hommes juifs sont arrêtés et déportés au camp de concentration de Mauthausen, ce qui choque de nombreux Néerlandais. Le 25 février 1941, des milliers de personnes à Amsterdam et dans la région se mettent en grève afin de protester contre la persécution des Juifs, à la surprise des nazis. Deux jours plus tard, les nazis mettent fin aux grèves avec la plus grande brutalité. Neuf grévistes sont abattus, 24 personnes sont blessées et des dizaines sont arrêtées. En Europe occupée, la Grève de février sera l'unique mouvement de protestation de masse contre les persécutions des Juifs.

Un soldat allemand garde des prisonniers juifs, le 22 février 1941.

Pourquoi Hitler a-t-il attaqué les Pays-Bas ?

L'Allemagne nazie attaque les Pays-Bas en mai 1940. Cette attaque fait partie d'un vaste plan d'attaque visant à vaincre la France. Comme au cours de la Première Guerre mondiale, les Pays-Bas adoptent la neutralité. Les Pays-Bas ne se rangent pas du côté de l'Allemagne, mais ne souhaitent pas soutenir le Royaume-Uni et la France. Mais Hitler ne respecte en rien la neutralité des Pays-Bas. Selon ses plans, afin de vaincre la France, il veut d'abord annexer les Pays-Bas, la Belgique et le Luxembourg. Et par cette voie, l'armée allemande pourra contourner la puissante ligne de défense française établie à la frontière entre l'Allemagne et la France. Une fois la France vaincue, Hitler projette d'attaquer le Royaume-Uni, en partant des ports néerlandais et belges.

Des soldats allemands et un soldat néerlandais décédé, mai 1940. En mai, environ 2 200 soldats néerlandais ont été tués.

?

Comment les nazis savaient qui était Juif ?

En janvier 1941, tous les Juifs des Pays-Bas doivent se faire enregistrer. Auparavant, les nazis ont institué des lois raciales qui instaurent comment l'on détermine qui est Juif. Selon ces lois, toute personne dont l'un des grands-parents est juif doit acheter et remplir un formulaire à la mairie. 160 000 Juifs vivent aux Pays-Bas. Plus de 15 000 d'entre eux viennent de l'Allemagne nazie. Cet enregistrement est organisé par les fonctionnaires néerlandais. Ainsi, au printemps 1941, l'occupant allemand sait précisément qui est Juif. Et les cartes d'identité de chaque personne juive sont estampillées, à deux endroits, d'un « J » en noir.

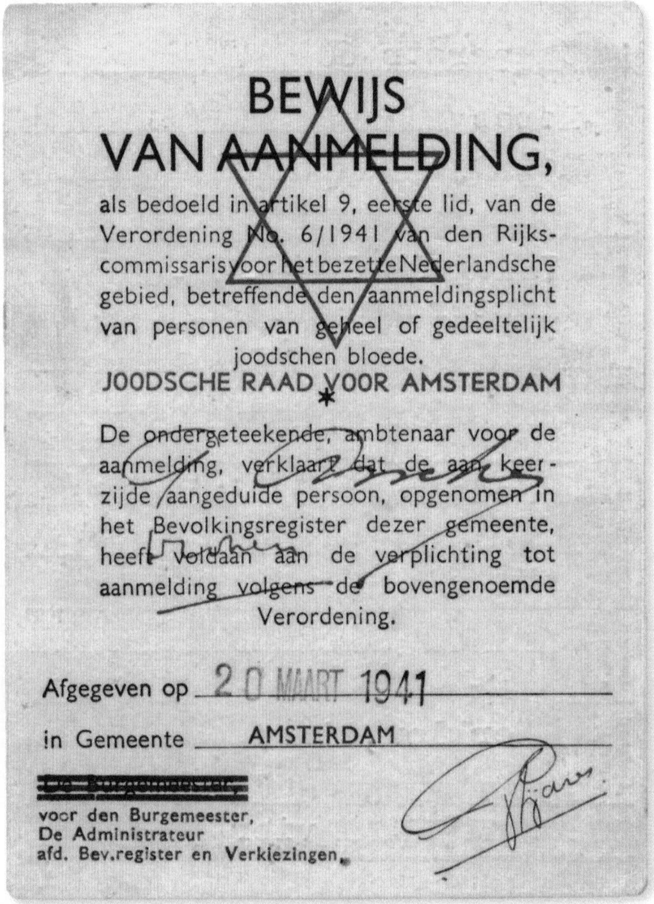

BEWIJS VAN AANMELDING,

als bedoeld in artikel 9, eerste lid, van de Verordening No. 6/1941 van den Rijkscommissaris voor het bezette Nederlandsche gebied, betreffende den aanmeldingsplicht van personen van geheel of gedeeltelijk joodschen bloede.

JOODSCHE RAAD VOOR AMSTERDAM

De ondergeteekende, ambtenaar voor de aanmelding, verklaart dat de aan keerzijde aangeduide persoon, opgenomen in het Bevolkingsregister dezer gemeente, heeft voldaan aan de verplichting tot aanmelding volgens de bovengenoemde Verordening.

Afgegeven op 20 MAART 1941

in Gemeente AMSTERDAM

~~De Burgemeester,~~

voor den Burgemeester,
De Administrateur
afd. Bev.register en Verkiezingen.

En tant que preuve d'inscription, chaque résident juif reçoit cette carte. Au dos de la carte se trouvent les données personnelles.

L'invasion de la Pologne

Des soldats allemands défilent dans un village polonais. Le 1er septembre 1939, l'armée allemande envahit la Pologne. L'armée polonaise n'est pas de taille à se mesurer aux Allemands qui disposent de multiples armes modernes. L'Allemagne nazie et la Russie conviennent secrètement du partage de la Pologne : la partie occidentale revient à l'Allemagne nazie et la partie orientale revient à la Russie. Derrière les soldats allemands du front, les unités spéciales de SS (l'escadron de protection) font rage. En l'espace de quatre mois, les SS assassinent plus de 60 000 civils polonais, parmi lesquels 7 000 Juifs. Les nazis enferment les Juifs polonais dans des ghettos, c'est-à-dire des quartiers fermés d'une ville ou d'un village. Puis, à partir de ces ghettos, les Juifs (hommes, femmes et enfants) seront plus tard déportés vers les camps de concentration et d'extermination.

Une Allemagne grande et puissante

Défilé de l'armée allemande à Nuremberg, septembre 1935. Après la Première Guerre mondiale, l'Allemagne a été obligée de céder des terres aux vainqueurs, comme convenu dans le Traité de paix de Versailles, et parce que l'Allemagne avait commencé la guerre. Hitler et les nazis ne souhaitent pas seulement regagner ces terres, ils veulent également étendre le territoire allemand. En 1938, Hitler réussit, sans combattre, à annexer l'Autriche et certaines parties de la Tchécoslovaquie. Le Royaume-Uni et la France n'interviennent pas. Ces pays ne veulent pas, après la Première Guerre mondiale qui a engendré des millions de victimes, d'une nouvelle guerre en Europe. Mais les nazis visent à doter le peuple allemand d'une surface habitable (« *Lebensraum* ») encore bien plus grande. Ils souhaitent étendre leur territoire à l'Europe orientale. Pour ce faire, l'Allemagne nazie se dote d'une grande armée moderne.

Évacuation d'enfants

Un policier anglais parle avec cinq petites filles juives venant d'Allemagne nazie. Elles débarquent le 12 décembre 1938 à Harwich (au Royaume-Uni). Suite à la Nuit de cristal qui a eu lieu en novembre 1938 en Allemagne, au cours de laquelle des Juifs ont été menacés, brutalisés, arrêtés et assassinés, de nombreux Juifs cherchent à fuir aussi vite que possible. Mais ce n'est pas simple. La plupart des pays ont fermé leurs frontières et ne laissent entrer que peu de réfugiés juifs. Le Royaume-Uni fait une exception pour les enfants juifs, mais leurs parents ne sont pas autorisés à les accompagner lors de ces évacuations exclusivement réservées aux enfants. Entre décembre 1938 et septembre 1939, plus de 10 000 enfants juifs en provenance de l'Allemagne nazie sont évacués par train et par bateau au Royaume-Uni, leur offrant la sécurité. La plupart des enfants accueillis dans des familles survivront à la guerre, contrairement aux autres membres de leur famille.

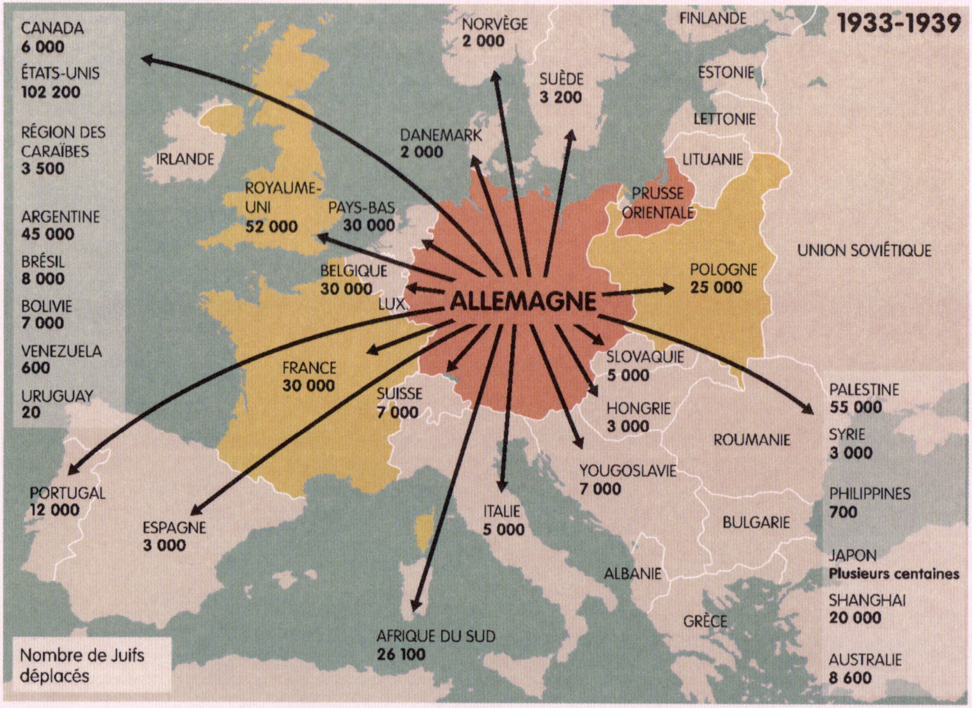

Où fuir ?

Quand Hitler prend le pouvoir en 1933, 500 000 Juifs vivent en Allemagne et ne représentent qu'un pour cent de la population. Entre la prise de pouvoir des nazis et septembre 1939, environ 250 000 Juifs parviennent à fuir l'Allemagne nazie. Le plus souvent, ils se rendent dans des pays qui seront plus tard occupés par l'armée allemande, comme les Pays-Bas. Le nombre de réfugiés juifs indiqué sur la carte n'est qu'une estimation. De nombreux réfugiés passent la frontière sans papiers valables et les pays où ils se réfugient ne tiennent pas de chiffres exacts. De plus, les réfugiés se déplacent d'un pays à l'autre, comme le font les oncles d'Anne.

« Un groupe soudé »

« Après l'école, nous passions nos journées ensemble. J'aidais Anne à faire ses exercices de mathématiques. (...) Anne et moi, nous passions des moments magnifiques toutes les deux. Nous aimions l'école et les cours. Nous étions regroupés, enseignants et élèves, pour la même raison et nous formions pour cette raison un groupe soudé. À l'école, nous pouvions oublier que le pays était occupé par les Allemands. Car en classe nous ne parlions pas de la guerre et nos parents nous en disaient le moins possible sur ce qui se déroulait autour de nous. »

Jacqueline van Maarsen
Source : Jacqueline van Maarsen, Je beste vriendin Anne (Ta meilleure amie Anne), Querido, 2011.

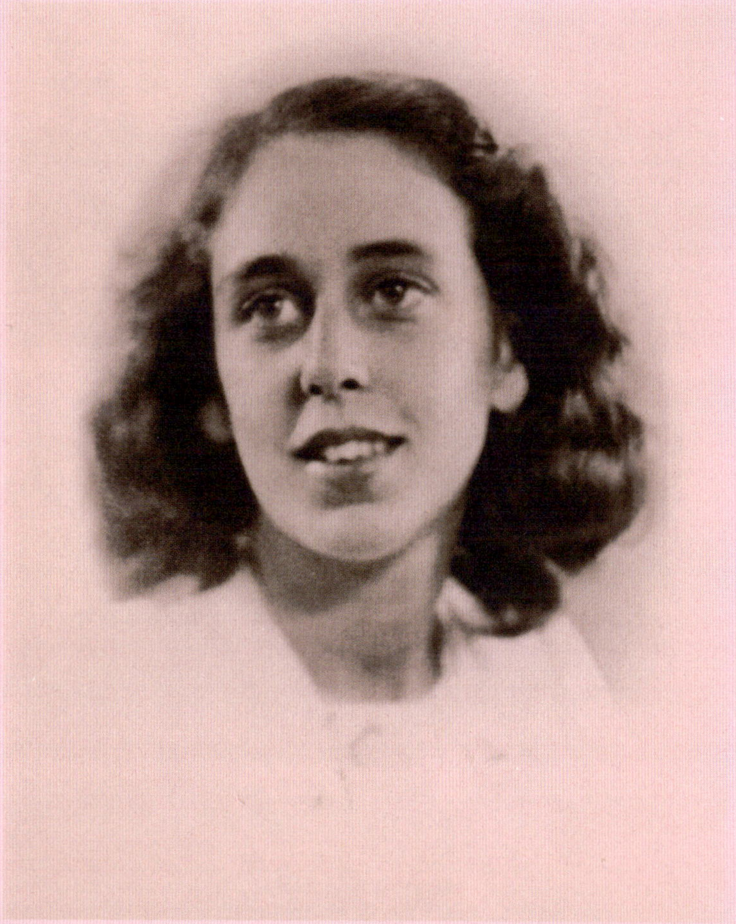

Jacqueline van Maarsen, vers 1943.

Pourquoi les Juifs n'arrachaient-ils pas leur étoile ?

En Allemagne et dans la plupart des pays d'Europe occupés, les nazis imposent le port de l'étoile juive. À partir du 3 mai 1942, tous les Juifs des Pays-Bas sont également soumis à cette obligation, dès qu'ils ont atteint l'âge de six ans. Ils doivent acheter l'étoile et il en faut jusqu'à quatre par personne. Les Juifs contrôlés dans la rue qui ne portent pas d'étoile encourent six mois de prison ou une amende considérable, de 1 000 Florins. La police allemande et la police néerlandaise voient très vite si les gens sont Juifs, car depuis mai 1941 aux Pays-Bas, les cartes d'identité des Juifs sont toutes estampillées d'un « J ». Dans la pratique, les Juifs ne portant pas d'étoile sont immédiatement arrêtés par les nazis et déportés à Westerbork, sans ménagement.

?

Cinéma à la maison

Anne adore le cinéma. Elle fait également la collection de photos de stars. Mais à partir de septembre 1941, les Juifs des Pays-Bas n'ont plus le droit d'aller au cinéma. Certains Juifs organisent alors des projections à la maison, comme la famille Frank. Anne et son amie Jacqueline confectionnent des tickets pour ces projections. Sur le ticket de la projection du film du dimanche 1er mars 1942, que Jacqueline a conservé, on peut voir le numéro de rang et de siège. Le ticket a même été tamponné.

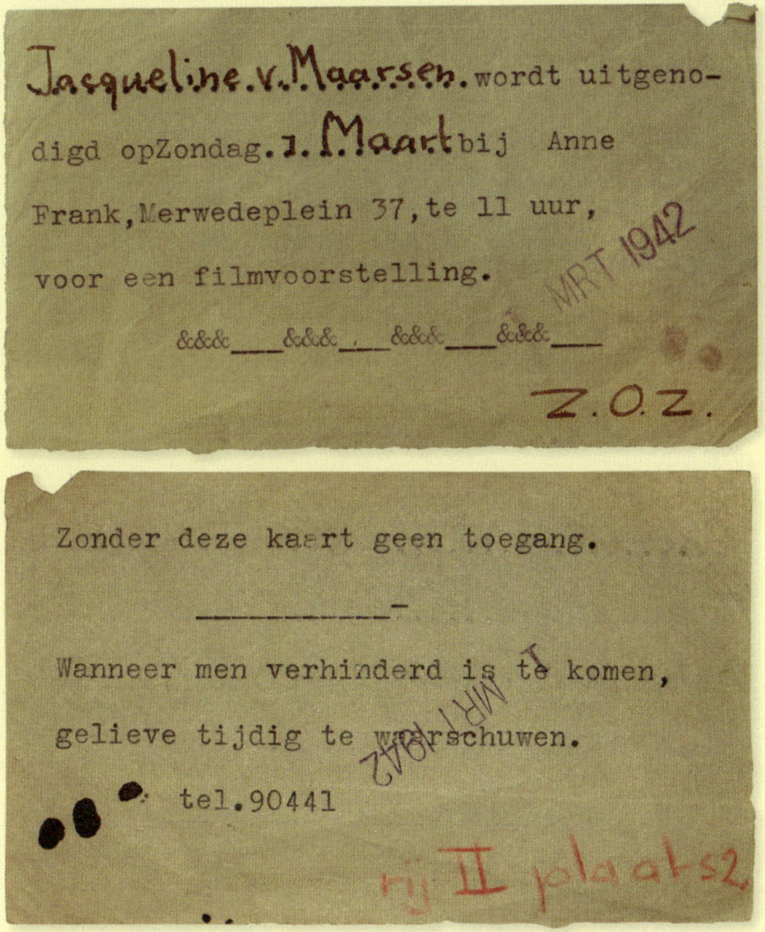

Jacqueline v. Maarsen. wordt uitgenodigd op Zondag. 1. Maart bij Anne Frank, Merwedeplein 37, te 11 uur, voor een filmvoorstelling.

&&&&___&&&&___&&&&___&&&&___

1 MRT 1942

Z.O.Z.

Zonder deze kaart geen toegang.

Wanneer men verhinderd is te komen, gelieve tijdig te waarschuwen.

tel.90441

1 MRT 1942

rij II plaats 2

Le journal d'Anne

Anne reçoit ce journal en cadeau pour son treizième anniversaire, le 12 juin 1942. Elle l'a choisi elle-même dans une librairie de son quartier. À l'Annexe, ce journal prendra toute son importance.
Le 16 mars 1944, elle écrit : « Le plus beau, c'est de pouvoir au moins écrire tout ce que je pense et ce que je ressens, sinon j'étoufferais complètement. »

La réunion secrète

Le 20 janvier 1942, dans une villa de la Wannsee à Berlin, quinze nazis hauts gradés se réunissent. Au cours de cette réunion secrète, les nazis – sur ordre d'Hitler – réfléchissent à une méthode en vue d'assassiner tous les Juifs d'Europe. Ils décident que les Juifs seront déportés par train vers les camps de concentration et d'extermination d'Europe de l'est.
Là, ils seront soumis à un travail forcé des plus pénibles ou seront immédiatement assassinés. Le compte rendu de cette réunion a été conservé. Une liste indique le nombre de Juifs par pays. Un total de onze millions de Juifs habite en Europe, dont plus de 160 000 Juifs aux Pays-Bas.

	Land		Zahl
A.	Altreich		131.800
	Ostmark		43.700
	Ostgebiete		420.000
	Generalgouvernement		2.284.000
	Bialystok		400.000
	Protektorat Böhmen und Mähren		74.200
	Estland	– judenfrei –	
	Lettland		3.500
	Litauen		34.000
	Belgien		43.000
	Dänemark		5.600
	Frankreich / Besetztes Gebiet		165.000
	Unbesetztes Gebiet		700.000
	Griechenland		69.600
	Niederlande		160.800
	Norwegen		1.300
B.	Bulgarien		48.000
	England		330.000
	Finnland		2.300
	Irland		4.000
	Italien einschl. Sardinien		58.000
	Albanien		200
	Kroatien		40.000
	Portugal		3.000
	Rumänien einschl. Bessarabien		342.000
	Schweden		8.000
	Schweiz		18.000
	Serbien		10.000
	Slowakei		88.000
	Spanien		6.000
	Türkei (europ. Teil)		55.500
	Ungarn		742.800
	UdSSR		5.000.000
	Ukraine	2.994.684	
	Weißrußland ausschl. Bialystok	446.484	
	Zusammen:	über	11.000.000

K210405 372029

« J'étais tellement déçu »

Le dimanche 5 juillet 1942, Hello Silberberg sonne à la porte de la famille Frank. Sa visite avait été convenue plus tôt avec Anne, mais personne ne lui ouvre la porte. Après la guerre, lors d'une interview, Hello déclare : « J'étais tellement déçu et je me suis demandé ce qui avait bien pu se passer. Le jour suivant, je suis retourné sonner chez eux, toujours sans succès. »

Hello Silberberg
Source : *Anne Frank Krant*,
Maison Anne Frank, 1998.

« »

Photo d'identité de Hello (Helmut) Silberberg, 1942.

Prinsengracht 263

Sur cette photo aérienne de 1949, la partie avant de Prinsengracht 263 et l'Annexe ont été encadrées. L'entreprise d'Otto Frank était établie dans ce bâtiment.

Façade / Côté jardin

Façade de l'entreprise d'Otto Frank. À gauche, il y avait un ébéniste, à droite un commerce de thé et de produits alimentaires.

Côté jardin de l'entreprise d'Otto Frank. De la fenêtre du grenier de l'Annexe, Anne aimait observer le marronnier et les oiseaux qui volaient dans le ciel.

Voilées

Dans la journée, les fenêtres de l'Annexe sont seulement voilées par du simple vitrage (2), afin de laisser entrer la lumière, mais pour ne pas être vus de l'extérieur. Le soir, les fenêtres sont totalement calfeutrées par des panneaux couverts de bouts de tissus sombres (3). Le calfeutrage des fenêtres, de la tombée de la nuit à l'aube, est une mesure imposée par l'occupant. Les villages, villes ou zones industrielles étant ainsi totalement plongés dans l'obscurité, l'équipage des bombardiers alliés ne pouvait plus distinguer son itinéraire.

2

La petite chambre d'Anne Frank et de Fritz Pfeffer dans les années cinquante. Les restes du vitrage s'y trouvaient encore.

3

1

2

3

La bibliothèque

En août 1942, Victor Kugler propose d'installer une bibliothèque devant la porte d'entrée de l'Annexe (1)**. D'abord, une marche est retirée. Puis une planche est fixée en haut de l'huisserie de la porte** (2).

Au-dessus de la bibliothèque, une carte de la Belgique est accrochée. La pièce où se trouve cette bibliothèque est alors aménagée comme les archives de l'entreprise (3).

4

5

La bibliothèque, 1954.

C'est le père de Bep Voskuijl, employé à l'entrepôt, qui réalise la bibliothèque. À l'arrière de la bibliothèque pivotante se trouve un petit crochet (4). Les protecteurs et les clandestins peuvent le soulever et faire ensuite pivoter la bibliothèque. Mais les clandestins vont devoir s'habituer à cette nouvelle « porte ». En effet, ils se cognent sans arrêt la tête, en haut. Ainsi, au bout de quelques jours, Peter a l'idée géniale d'accrocher un petit coussin pour amortir le choc (5).

« Je devais leur venir en aide... »

« Je ne pouvais pas faire autrement. Je devais leur venir en aide : c'étaient mes amis. Je n'ai rien dit à ma femme, elle était très malade. Je ne voulais pas l'inquiéter davantage, je n'ai donc jamais pu en dire un seul mot à la maison. La vie des clandestins fut d'un moment à l'autre complètement bouleversée. Ils devaient vivre en silence, surtout dans la journée. Mais nous aussi, les protecteurs, l'inquiétude et l'angoisse ne nous lâchaient jamais. Nous avions tellement peur que la cachette soit découverte. Je ne devais rien laisser paraître devant les anciennes relations d'affaires d'Otto Frank, les clients et les voisins. »

Victor Kugler
Source : *Maison d'Anne Frank. Un musée avec une histoire*, Maison Anne Frank, 1999.

« »

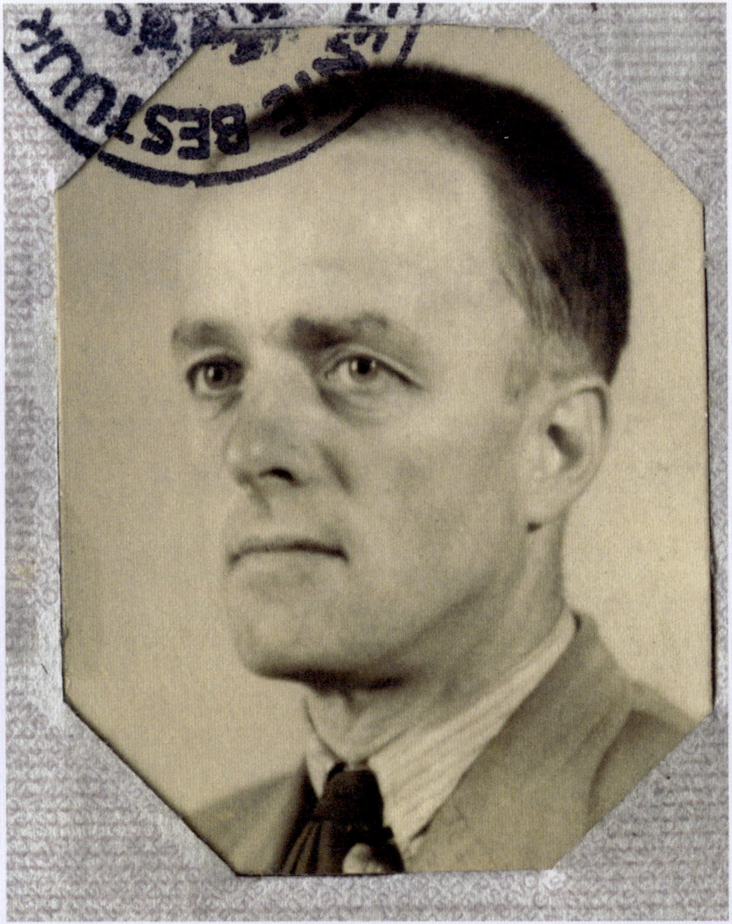

Victor Kugler, vers 1944.

Le deuxième étage

Les deux pièces du deuxième étage de l'Annexe sont réservées à la famille Frank et à Fritz Pfeffer. De plus, les huit clandestins utilisent aussi la petite pièce qui comporte un lavabo et les toilettes.

La petite chambre d'Anne Frank et de Fritz Pfeffer, 1954.

Le grenier

Anne aime particulièrement s'isoler au grenier. Près de la fenêtre légèrement entrouverte, elle peut respirer un peu d'air frais. Anne et Peter s'y rejoignent aussi, au temps de leurs amours. C'est le seul lieu de l'Annexe où ils peuvent échapper aux adultes et être ensemble.

Le grenier de l'Annexe, 1954.

Les marques griffonnées sur le mur

Dans la chambre d'Otto et d'Edith, des marques ont été griffonnées sur le papier peint, indiquant la taille de Margot et d'Anne. Quand Margot arrive à l'Annexe, elle est déjà âgée de seize ans et elle ne grandit presque plus. Les mesures de Margot se trouvent à droite, elle ne sera mesurée que deux fois. Anne, par contre, en pleine croissance, a été mesurée à plusieurs reprises. À côté de chaque marque, une date est indiquée : entre le 18 septembre 1942 et le 29 juillet 1944, Anne a grandi de 13 centimètres.

Qui a trahi Anne Frank ?

La réponse à cette question tient en quelques mots : jusqu'à maintenant, personne ne le sait. Après la guerre, les multiples recherches à ce sujet n'ont rien donné.

La bibliothèque pivotante placée devant l'entrée de l'Annexe.

« Ils étaient toujours ensemble »

« J'ai vu Anne Frank et Peter van Pels à Westerbork. Ils étaient inséparables. (...) Anne était belle à Westerbork, elle rayonnait et son rayonnement gagnait même Peter. (...) Je ne devrais peut-être pas dire que ses yeux resplendissaient. Mais il en émanait une grande chaleur, vous comprenez ? Ses mouvements et son regard témoignaient d'une telle liberté que je me suis demandé : « Serait-elle heureuse malgré tout ? » Elle était heureuse à Westerbork, même si c'est incompréhensible, car nous manquions de tout au camp. »

Rosa de Winter
Source : Ernst Schnabel,
Sur les traces d'Anne Frank,
Albin Michel, 1958.

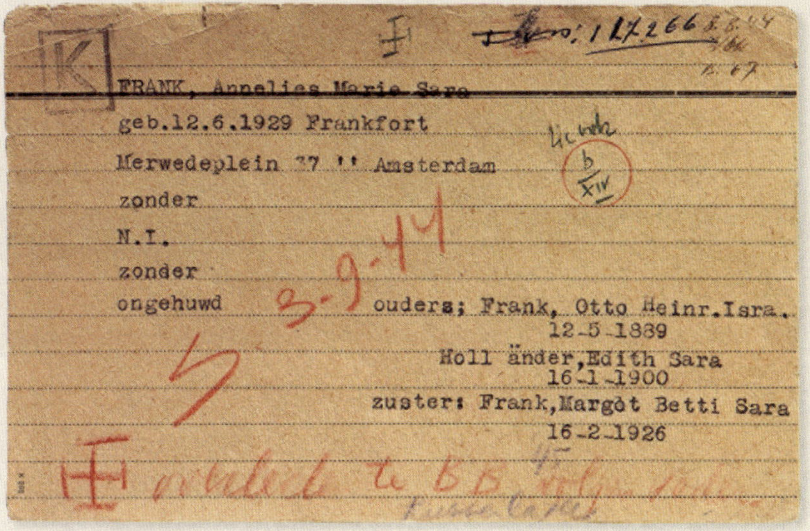
FRANK, Annelies Marie Sara
geb.12.6.1929 Frankfort
Merwedeplein 37 '' Amsterdam
zonder
N.I.
zonder
ongehuwd
ouders: Frank, Otto Heinr.Isra.
12-5-1889
Holländer, Edith Sara
16-1-1900
zuster: Frank, Margot Betti Sara
16-2-1926

Carte datant de la guerre, comportant les données personnelles d'Anne Frank, délivrée par le Conseil juif d'Amsterdam. En haut à droite on peut lire 8.8.44, Wbk (Westerbork) et B. 67 (Baraque 67). Après la guerre, la Croix-Rouge utilisait ces cartes afin d'établir le sort des déportés.

Le portail du camp de concentration et d'extermination d'Auschwitz-Birkenau, 1945.

Quelle est la différence entre un camp de concentration et un camp d'extermination ?

Pendant la guerre, en Pologne, un pays également occupé, les nazis ont construit plusieurs camps d'extermination, comme ceux de Belzec, Sobibor et Treblinka. Dans ces camps, tous les prisonniers étaient immédiatement assassinés après leur arrivée, contrairement aux camps de concentration. Au camp d'extermination de Sobibor, plus de 30 000 Juifs, hommes, femmes et enfants, en provenance des Pays-Bas, ont été tués dans les chambres à gaz. Dans les camps de concentration, la plupart des prisonniers mouraient poussés à bout par un travail éreintant, par les punitions corporelles, mais ils mouraient aussi d'épuisement et de maladie. Certains des camps étaient à la fois des camps de concentration et d'extermination. Auschwitz en est l'exemple le plus tristement connu, à la fois camp de concentration et camp d'extermination.

La sélection à Auschwitz

Sur la rampe d'Auschwitz-Birkenau, on sépare les hommes des femmes. Les femmes accompagnées d'enfants vont à droite et les hommes vont à gauche. Les médecins nazis procèdent alors à la sélection des détenus : certains sont envoyés au travail forcé et d'autres sont immédiatement assassinés. La deuxième à gauche est Irene Fogel, âgée de treize ans. Elle a été sélectionnée pour le travail forcé. Avec sa sœur aînée Serena, elles sont les seules, parmi une famille juive de huit personnes, à avoir survécu au camp d'Auschwitz.

Cette photo a été prise par le photographe nazi, chargé de réaliser les photos d'identité des prisonniers qui doivent travailler à Auschwitz. En 200 photos, il a établi l'arrivée à Auschwitz, étape par étape, d'un groupe de personnes juives originaires de Hongrie, en mai ou juin 1944.

L'avancée des soldats russes

Des soldats allemands, en position dans leurs tranchées, sur une colline du front de l'est, où ils se battent contre l'armée russe, en septembre 1944. À l'horizon, on aperçoit les impacts des grenades. Début 1943, l'armée allemande perd la Bataille de Stalingrad. La bataille de Stalingrad, qui visait la prise du contrôle de la ville, a duré des mois et a coûté la vie à plus de 470 000 soldats allemands. 100 000 soldats allemands ont été faits prisonniers de guerre, mais à peine 5 000 d'entre eux ont survécu. Dans le déroulement de la Seconde Guerre mondiale, la Bataille de Stalingrad a marqué un tournant spectaculaire. L'armée allemande n'est jamais parvenue à s'imposer devant l'armée russe qui envoyait continuellement du renfort sur le front, en hommes et en armes. Fin 1944, certains territoires de Pologne orientale ont déjà été repris par l'armée russe.

Une stèle commémorative

En février 1945, Margot et Anne Frank succombent au typhus au camp de concentration de Bergen-Belsen, comme des milliers d'autres prisonniers. Après la libération du camp, en avril 1945, les dépouilles sont enterrées dans des fosses communes. Ainsi, on ignore où précisément Margot et Anne ont été enterrées. En 1999 – l'année où Anne aurait eu soixante-dix ans – une stèle commémorative a été installée sur le site de l'ancien camp de concentration.

Le sort des clandestins

Sur cette carte, on voit où les sept clandestins de l'Annexe ont trouvé la mort.
Auschwitz : Hermann van Pels et Edith Frank
Neuengamme : Fritz Pfeffer
Bergen-Belsen : Margot et Anne Frank
Mauthausen : Peter van Pels

Au cours d'un transport entre Raguhn et Theresienstadt : Auguste van Pels
Otto Frank est le seul à revenir des camps de concentration et d'extermination.

Après la libération de Bergen-Belsen

En mai 1945, un petit garçon traverse le camp de concentration de Bergen-Belsen qui vient d'être libéré. Le long du chemin, on aperçoit des cadavres. La photo a été prise par George Rodger, Britannique, photographe de guerre, et elle est publiée en 1945 dans le célèbre magazine américain *Life*. Installé aux États-Unis, un oncle de ce petit garçon le reconnaît sur la photo. Ce petit garçon, juif, s'appelle Simon (Sieg) Maandag, il vient d'Amsterdam. Son oncle met alors tout en œuvre pour que Simon puisse retrouver sa mère et sa sœur aux Pays-Bas. George Rodger est le premier à avoir pris des photos du camp de concentration de Bergen-Belsen, après sa libération. Mais à la suite de ce qu'il a vu, Rodger décide de mettre immédiatement fin à son métier de photographe de guerre.

Le voyage de retour d'Otto

C'est dans ce sac qu'Otto Frank conservait ses affaires. Dans un carnet, il a minutieusement consigné tous les détails de son voyage de retour aux Pays-Bas, ainsi que les événements importants, comme la mort d'Hitler, la libération des Pays-Bas et la capitulation de l'Allemagne nazie. Otto Frank n'a plus de carte d'identité. Après son arrivée à Marseille, on lui fait remplir une Carte de Rapatrié comportant ses données personnelles. Il indique l'adresse de Jan et Miep Gies à Amsterdam, car c'est le lieu qu'il veut rejoindre aux Pays-Bas.

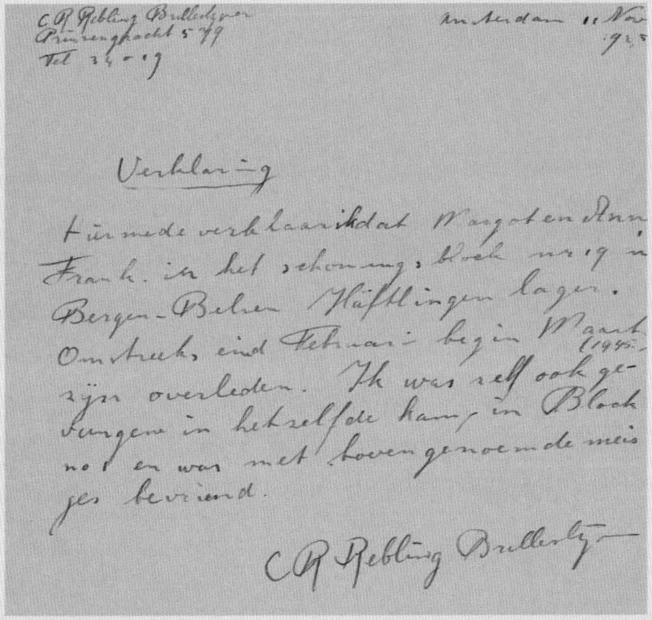

C.R. Rebling Brilleslijper
Prinsengracht 579
Tel 34019

Amsterdam 11 Nov
1945

Verklaring

Hiermede verklaar ik dat Margot en Ann
Frank in het schonungs block nr 19 in
Bergen-Belsen Häftlingen lager.
Omstreeks eind Februari begin Maart (1945)
zijn overleden. Ik was zelf ook gevangen in hetzelfde kamp in Block
no 1 en was met bovengenoemde meisjes bevriend.

C R Rebling Brilleslijper

VOOR-
rksters.
rt. bur.
272,

ECHT-
kt 2 à
s met
enheid
maken
omgev.
Suma-

IRMA SPIELMANN, geb. 10-4-'94 Wenen, Tsj. Slow. nation. Weggevoerd Westerborg 23-3-'43. Wie weet iets van dit transport? Spielmann, Scheldestr. 181 III, Zuid.
MARGOT FRANK (19 j.) en **ANNA FRANK** (16 j.), in Jan. op transp. vanuit Bergen-Beizen. O. Frank, Prinsengracht 263, tel. 37059.
Mijn man **ALFRED v. GELDEREN**. (Oct. 1942 uit Westerb.) en kinderen **DORA ROSA** en **FREDERIK MARTHIJN** (24-7-1942 uit Westerb.) Marianne v. Gelderen—Engelander, Jozef Israëlkade 126 II.
FRANCISCUS JOHANNES MAAS geb. 19-10-'23,

En août 1945, Otto Frank place un avis de recherche dans le journal *Het Vrije Volk*. Otto est à la recherche de personnes qui pourraient lui donner des nouvelles d'Anne et de Margot.

La déclaration

En été 1945, Otto Frank rencontre à Amsterdam les sœurs Janny et Lientje Brilleslijper qui ont été détenues au camp de Bergen-Belsen. Janny et Lientje lui annoncent le décès de Margot et d'Anne. À la demande d'Otto Frank, Lientje (Rebekka) Brilleslijper déclare en novembre 1945 que Margot et Anne Frank sont décédées « fin février ou début mars en 1945 » au camp de concentration de Bergen-Belsen. La date précise de leur décès n'est pas connue.

Quelle condamnation a été appliquée aux nazis qui sévissaient dans les camps ?

Après la Seconde Guerre mondiale, plusieurs procès ont eu lieu afin de juger les nazis. En septembre 1945, le premier procès est instruit contre le commandant et les gardiens du camp de concentration de Bergen-Belsen. Quarante-cinq accusés ont alors comparu devant le juge :

- Onze accusés ont été condamnés à mort.
- Un accusé a été condamné à la prison à perpétuité.
- Dix-huit accusés ont été condamnés à quinze ans de prison.
- Quinze accusés ont été acquittés.

De nombreux autres nazis n'ont jamais été condamnés.

Arrestation de Josef Kramer, commandant du camp de Bergen-Belsen, par les troupes alliées britanniques, le 15 avril 1945. En novembre, Josef Kramer est condamné à la peine de mort et son exécution a lieu le 13 décembre 1945.

Pourquoi Anne Frank est-elle devenue si célèbre ?

Pour plusieurs raisons :

- **Anne est une écrivaine de talent.**
- **Anne est une petite fille innocente qui a été assassinée uniquement parce qu'elle était juive.**
- **Otto Frank, qui a survécu aux camps, a tout mis en œuvre pour faire publier et connaître le journal d'Anne.**
- **On peut visiter l'Annexe, le lieu où le journal a été écrit.**
- **Les photos d'Anne Frank et de sa famille ont été parfaitement conservées.**
- **Des pièces de théâtre, des films et des documentaires ont fait connaître l'histoire d'Anne Frank dans le monde entier.**
- **Le journal raconte la vie d'une jeune fille qui grandit dans la clandestinité, tout en réfléchissant sur sa propre vie et sur le monde qui l'entoure.**

Un an avant son décès, Otto Frank déclare à ce sujet dans une interview : « Je reçois chaque jour du courrier de lecteurs, de partout dans le monde (...) que ce soit d'Australie, d'Afrique du Sud, du Japon ou d'Amérique, c'est ce qui est extraordinaire à propos du journal d'Anne. Ainsi, je peux vraiment déclarer que c'est un « document humain ». Un document humain qui touche tous les gens, où qu'ils vivent. »

Het Achterhuis (Le Journal d'Anne Frank) paraît le 25 juin 1947. Helmut Salden compose la couverture du livre : un soleil disparaissant derrière de gros nuages sombres.

Pourquoi n'y a-t-il aucun meuble dans l'Annexe ?

Peu après l'arrestation des clandestins, du 4 août 1944, l'Annexe a été entièrement vidée sur ordre de l'occupant. Les meubles et tous les autres biens ont probablement été transportés en Allemagne nazie. Après l'arrestation, Miep Gies et Bep Voskuijl, les protectrices, n'ont réussi à sauver que quelques effets personnels des clandestins, dont le journal d'Anne. L'Annexe est devenue un musée en 1960. On a demandé à Otto Frank si l'Annexe devait à nouveau être aménagée, mais il a refusé. Il a déclaré lors d'un discours : « Pendant la guerre, l'Annexe a été entièrement pillée, et je veux laisser les choses en l'état. »

?

Otto Frank et Johannes Weiss (à droite), à côté de deux maquettes de l'Annexe, 1961. Pour donner une meilleure idée des conditions de vie des clandestins aux visiteurs de la Maison Anne Frank, Otto a demandé à Johannes Weiss de fabriquer ces deux maquettes.

Les droits de l'homme

Cette femme est Eleanor Roosevelt, l'épouse du président américain Franklin Roosevelt. Elle montre la *Déclaration universelle des droits de l'homme*, qu'elle a établie en collaboration avec d'autres personnes de différents pays, pour l'ONU.

L'ONU est l'organisation qui a été fondée en 1945 afin d'empêcher les guerres et de contribuer à la coopération entre les pays. Selon la *Déclaration universelle des droits de l'homme*, tout le monde, partout et pour toujours, doit pouvoir vivre libre et sans crainte. Quelques exemples de ces droits de l'homme sont : la protection contre la discrimination, le droit à un procès équitable et la liberté d'expression. Le 10 décembre 1948, lors de l'Assemblée générale des Nations Unies, les trente droits de l'homme sont lus.

Les amies d'Anne

Kitty Egyedi, Hannah Goslar et Jacqueline van Maarsen, à l'ouverture de l'exposition *Nu ben ik dus vijftien* (Maintenant j'ai quinze ans) consacrée à la vie d'Anne Frank, à la Maison Anne Frank, en octobre 2012. Jacqueline, une amie d'Anne, n'est pas sur la photo d'anniversaire de 1939, car elles n'ont fait connaissance que plus tard. Jacqueline a survécu à la guerre car sa mère a réussi à obtenir des papiers officiels déclarant qu'elle était « non-juive ». Ainsi, pour les nazis, Jacqueline était considérée comme « non-juive » et n'a pas eu besoin de se cacher.

Tout sur Anne Frank en un seul livre ?
Évidemment, c'est impossible !

**Mais tu te poses probablement de nouvelles questions.
Alors tu trouveras la plupart des réponses sur Internet
ou dans d'autres livres consacrés à Anne Frank.
Ou en lisant *Le Journal d'Anne Frank*,
l'édition la plus célèbre des journaux intimes d'Anne !**